商务印书馆（上海）有限公司 出品
The Commercial Press (Shanghai) Co.Ltd

老子本原

黄瑞云　评注

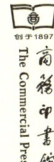
商务印书馆
The Commercial Press

图书在版编目（CIP）数据

老子本原 / 黄瑞云评注. —北京：商务印书馆，2023
ISBN 978-7-100-20709-6（2024.11重印）

Ⅰ. ①老⋯　Ⅱ. ①黄⋯　Ⅲ. ①道家②《道德经》—研究　Ⅳ. ①B223.15

中国版本图书馆 CIP 数据核字（2022）第025865号

权利保留，侵权必究。

老 子 本 原

黄瑞云　评注

商 务 印 书 馆 出 版
（北京王府井大街36号　邮政编码 100710）
商 务 印 书 馆 发 行
山东韵杰文化科技有限公司印刷
ISBN 978-7-100-20709-6

2023年7月第1版　　　开本 670×970 1/16
2024年11月第2次印刷　　印张 16 插页4

定价：96.00元

作者简介

　　黄瑞云，1932年生，别号黄黄山，湖南娄底人，教授。1958年毕业于武汉大学中国语言文学系；先后在湖北工农中学、湖北教育学院、华中师范大学、湖北师范大学任教。从事中国古代文学教学与研究，业馀进行文学创作。著有《老子本原》《论语本原》《孟子本原》《庄子本原》《诗苑英华》《词苑英华》《历代抒情小赋选》《历代绝妙词三百首》《中国历代寓言选》等；参与主编《历代辞赋总汇》；文学创作有《黄瑞云散文选》《长梦潇湘夜雨楼诗词集》《新诗集》《溪流集》《黄瑞云寓言》《快活的答里·坎曼尔》等。

福建泉州清源山老君岩

序

李正宇

《老子》一书，于先秦诸子中素以哲理深赜著称。自战国之世，即有专著"发明序其旨意"。两千多年来，解老注老之作，不啻百家，或阐扬道德微旨，或疏解章句奥义，然得其精微者固甚多，而失之偏颇者亦不少。韩非《解老》《喻老》，即将老子就范法家；后世道者释老，每多造作玄虚，而儒士从其兼济独善理想出发，往往于老中掺入儒学，致使老子面目，间有失其本真。近世出有不少解老名著，力图矫古注之弊，阐幽启秘，诚多所发明，然用现代哲学观念比附老子者，亦在处多有。

瑞云兄多年潜心老氏，精究古今诸家之说，而始终把握老子本意，因名其所著书曰《老子本原》。此书既能发老聃宏旨，而训诂又极为精严，由博反约，以简驭繁，卓然成一家专著。书置之老学之林，允称学术精深之作；而于一般读者，又是会领老子哲学之可靠导引。古今解老之书，汗牛充栋，歧义异说更令人目眩意乱。得此一编，如登高陟巅，层峦叠嶂，历历在望，而远近高低，乃得以入目寓心。

老子哲学体系原甚严密（虽然其中亦有小疵微隙），作者抓住其总的体系，排列为一命题系列，对此系列涉流探源加以分析，诚为掌握老子哲学便捷的途径。

老子提出之宇宙本原曰"道"，全部老子哲学即围绕"道"这一范畴展开。作者认为，在生产及技术水平都极为低下的古代，老子能屏除感官的翳蔽，运用思辨，认为天地万物之外，有一种永恒支配宇宙的客观存在，诚极为卓越。对老子"道"的阐释，作者反对同西方哲学范畴简单地比附，既反对看成是唯心的"绝对精神",也不赞成等同于唯物的"物质一般";老子原意如何,即阐述如何,不代为之引申填补。此或亦研究古代学说之圭臬。

通过对老子"天地万物生于有,有生于无",而"物芸芸,各复归其根"等命题的分析,作者论断老子已认识到宇宙万物无一例外都有其发生、发展、灭亡的过程这一真理。对"柔弱胜刚强"这一命题,作者认为有其一面的真理性,即谓老子认识到,任何强大事物,都由弱小发展而来,而强大事物又都不可避免要被始而弱小的事物所取代。但作者同时指出,老子把这一命题绝对化。弱小不会无条件地变得强大,也并非任何柔弱都必胜刚强。这就在肯定其正确面的同时,又指出其形而上的疏失。"无为而无不为"是老子另一重要命题。作者力辟注家释"无为"为"无妄为"或"无强为"的悖谬,而以老子原话"莫之命而常自然"、"辅万物之自然而不敢为"为解,指出"无为而无不为"的真谛即因顺自然。解释可谓的当。把握老子全书,以之前后互证,是作者认识老子哲学、解释疑难的重要钥匙,"本"老子之"原"乃见乎此。

作者分析老子辩证思想,时见独启玄关之论。例如有些学者认为,老子把"静"绝对化,忽视"动"的永恒性,因而颠倒了事物的本质。作者认为恰恰相反,老子不仅没有把静绝对化,恰好认为天地万物无不处于永无止息的变化之中。作者翔实分析了老子书中"静""躁"和"动"的关系,指出老子所谓"静"不是不动,乃是潜移渐进的变化;"躁"也不是"动"的唯一形式,而专指剧烈急进的运动。"静""躁"为"动"的两种形式。老子不否认"动"的永恒性,而只是强调"静"即潜移渐进的运动形式,反对"躁"即剧烈急进的运动形式,如此分析,诚所谓"高论未经人道破",实发老聃哲学中沉霾千古之奇奥。

古籍研究的基础是训诂,训诂质量直接影响整个研究。三十多年前,余与瑞云俱从学于训诂名家刘博平、黄焯先、周大璞诸先生门下,而瑞云独步堂奥,得承师门,训诂工力之深,于此书可见一斑。稍一翻阅,即见胜义纷呈。如第十一章"车之用""器之用""室之用",训"之"为"乃";十三

— 序 —

章"宠辱若惊，贵大患若身"之"若"，亦训为"乃"，皆使全章旨意豁然。十五章"敦兮其若朴"、二十八章"朴散则为器"，以"朴"为"璞"之借字；三十章"其事好还"，对"好还"词义的考释，皆可谓识精见卓。四十一章"大器晚成"，训"晚"为"无"，谓句意为大器无具体形体，见解颇为独到。五十二章"见小曰明"，训"小"为"少"，谓句意为见之愈少则愈明，不从"能察细微曰明"之类以法家释老之旧说；"用其光"释"用"为"壅"，谓句意为壅蔽其光明，不取"运用智慧的光"之类以禅学释老的误解。此等训解，无不切关老学精粹之大端。六十三章"大小多少"四字，曾使多少注家为之措手，作者解为"大其小，多其少"，即于小者少者，要作大者多者对待，即后文"图难于其易，为大于其细"之义。使用本训，贯通前后，毫不着力而准确不可移易。特别是对书中几处"名"的训释，亦可谓慧眼独到。二十一章"自古及今，其名不去"，训"名"为"功"，谓从古至今，道的功用永不消失。二十五章"强为之名曰大"以"名"为形容描绘之意，谓对道勉强加以描述则可谓之大，而不以"大"为道之别名。四十一章"道隐无名"，谓"名，明也"，句意谓道幽隐而不炫耀显扬。诸多"名"字，注家大多释为名称，而作者独出卓见，既不盲从旧注，也不简录字书，而是紧扣老子哲学体系进行诠释，不惜标新于古注，不怕立异于今人，只以持之有据并能切合老义为准。统观全书，此等独到训解，俯拾皆是，实亦本书一大特点和优胜之处。

于篇章结构之分析，作者亦有其精辟之处．如对二章文意之贯通，对十一章、十三章章句之正读，对十七章、三十八章纲领主旨之把握等，都能发前人之所未发，颇使读者为之解颐。

训诂注释，最易烦琐，作者则力求简练，引证典籍，要而不繁，意明即止。使训诂文字，出以散文风格，朴实而有华采。盖瑞云本系散文作手，故行文所至，得心而应手也。

老子生当动荡之世，著书立说，有所为也。如今时代不同，早已事过境迁，但自然之难驭，人事之枉直，何曾与时俱逝！两千多年前哲人之深思浩叹，亦两千多年后今人之所关切。作者前视既往，倾情未来，念天地之悠悠，怅世情之扰扰，故笔端常带感情，非只诂文释义而已也。哲学本为人生社会，哲人当亦志士仁人，吾于瑞云亦有是许焉。

一九九〇年七月七日
于甘肃敦煌莫高窟

目录

序 / 李正宇	1
凡　例	1
老子与老子之道	3

上 篇

一　章	41
二　章	43
三　章	46
四　章	48
五　章	49
六　章	51
七　章	53
八　章	54
九　章	56
十　章	58
十一章	60
十二章	62
十三章	64
十四章	66
十五章	68

十六章	71
十七章	73
十八章	75
十九章	77
二十章	79
二十一章	82
二十二章	84
二十三章	86
二十四章	88
二十五章	89
二十六章	92
二十七章	94
二十八章	96
二十九章	99
三十章	101
三十一章	104
三十二章	107
三十三章	109
三十四章	110
三十五章	112
三十六章	113
三十七章	116

下　篇

三十八章	121
三十九章	123
四十章	127

— 目　录 —

四十一章	133
四十二章	136
四十三章	138
四十四章	139
四十五章	140
四十六章	142
四十七章	144
四十八章	145
四十九章	147
五十章	149
五十一章	151
五十二章	154
五十三章	156
五十四章	158
五十五章	160
五十六章	162
五十七章	164
五十八章	166
五十九章	168
六十章	170
六十一章	172
六十二章	174
六十三章	176
六十四章	179
六十五章	182
六十六章	184
六十七章	185

六十八章	187
六十九章	189
七十章	191
七十一章	193
七十二章	195
七十三章	197
七十四章	199
七十五章	201
七十六章	203
七十七章	205
七十八章	207
七十九章	209
八十章	211
八十一章	214
古韵分部说明	217
修订后记	219
附录一：说"静为躁君"	221
附录二：天地万物生于有，有生于无	
——黄瑞云《老子本原》述评	228
本帙引用老学书目	244

凡　例

（一）《老子》原文，用王弼《老子道德经注》（据楼宇烈《王弼集校释》，中华书局一九八〇年版，简称王弼本）。个别字句选用他本者，则在注中说明。

（二）据《长沙马王堆汉墓帛书老子》，似《老子》原来并不分章。王本分为八十一章，章旨分明，有益读者；但亦有并不完全妥当者，有同一章而主题不一者，有前后章而题旨或同者。本帙遵循旧本，小有调整者，则在注中加以分析。

（三）《老子》原文，间有错简，前人曾指出若干，本帙亦揭示数处。书中凡应属某章而自他章移入者，则加方括号标示；原处文字则用圆括标示，以存其旧，并在注中说明。

（四）本书用简化汉字。但有几个字词义甚为复杂，使用频率特高，为易于理解，仍保留繁体。以"適"字为例："去鲁適卫"之"適"，音室，施隻切（shì）；"无適也，无莫也"之"適"，通"敌"，徒历切（dí）；"杀適立庶"之"適"，通"嫡"，都历切（dí）；"適戍之卒"之"適"，通"谪"，陟格切（zhé）。如果都用简化字"适"，注释理解都很困难。古人有名"適"（shì）者，有名"适"（kuò）者，如果都用"适"，两者就无法区分。故保留繁体"適"字。出于同样原因，书中"餘"字（饶也，多也，众也，久也，剩也，残也）、"穀"字（粟也，五穀也，百穀总名也，食也，养也，生也，乳也，禄也，仕也，善也，续也，作炊用餐，穀梁复姓），也保留繁体。又，"髮"与"发"常在同一篇韵文中押韵，为避免重韵，故亦保留"髮"字。

1

古代人名地名，概用原字，笔画已简化者照简。

数词除括号中公元纪年与纯统计数量用阿拉伯数字外，概用汉字，以保持文字纯一。

（五）僻难字以汉语拼音注音。联绵词注音意在表示其双声叠韵关系。由于语音演变，拼音未能表示其双声抑或叠韵者，加注反切。

（六）注解力求训释准确而文字简明。凡遵用古代注家、当世学者独识卓见，皆引录原文或注明所自。个人一得之见，多以《老子》本文前后互相发明，或用道家著作及其他典籍之不与老义违迕者作为佐证，紧扣全书旨意进行阐发。凡提出新解，词义则需有训诂来原，内容则须有事实根据，务使文词更为顺畅，并尽可能提供旁证。

（七）为辩正影响较大的误解，或辨析古人突出的分歧，或考证有关的史实，或解说特殊的疑难，于一般注解之外，另用"星评"的形式予以表述。根据内容的需要，文字不拘一格。

老子与老子之道

(一) 老子, 隐君子也

老子与孔子同是春秋末季伟大的思想家。孔子的庙堂无疑非常宏伟,老子的宫殿亦极为深邃。但孔子着重于政治伦理,老子却深入宇宙自然,老子是更典型的哲学意义上的哲学家。然孔子为当世闻人,其生平经历可以编年,连其先世及后代乃至门生弟子都历历可考;而老子,"隐君子也",其生平乃隐入了历史的云雾。略其传说,属于所谓信史者,仅有《史记》一篇三百多字的传记,全文如下:

老子者,楚苦县厉乡曲仁里人也。姓李氏,名耳,字聃。周守藏室之史也。

孔子适周,将问礼于老子。老子曰:"子所言者,其人与骨皆已朽矣,独其言在耳。且君子得其时则驾,不得其时则蓬累而行。吾闻之,良贾深藏若虚,君子盛德,容貌若愚。去子之骄气与多欲,态色与淫志,是皆无益于子之身。吾所以告子,若是而已!"孔子去,谓弟子曰:"鸟,吾知其能飞;鱼,吾知其能游;兽,吾知其能走。走者可以为网,游者可以为纶,飞者可以为矰。至于龙吾不能知,其乘风云而上天。吾今日见老子,其犹龙邪?"

老子修道德,其学以自隐无名为务。居周久之,见周之衰,乃遂去。至关,关令尹喜曰:"子将隐矣,强为我著书。"于是老子乃著书上下篇，言道德之意五千餘言而去，莫知其所终。

或曰：老莱子亦楚人也，著述十五篇，言道家之用，与孔子同时云。

自孔子死之后百二十九年，而史记周太史儋见秦献公曰："始秦与周合，合五百岁而离，离七十岁而霸王者出焉。"或曰儋即老子，或曰非也。世莫知其然否。盖老子百有六十餘岁，或言二百餘岁，以其修道而养寿也。老子，隐君子也。

老子之子名宗，宗为魏将，封于段干。宗子注，注子宫，宫玄孙假，假仕于汉孝文帝。而假之子解为胶西王卬太傅，因家于齐焉。

这篇扑朔迷离的小传，差不多通篇都引起后人的怀疑。孔子既问礼于老子，老子自当与孔子同时或略长。然苦县属陈国，陈于周敬王四十一年（前479）才为楚所灭，孔子即卒于是年，老子怎么可能成为"楚"苦县人？先秦典籍屡见"老子"、"老聃"，而绝无李耳之名，老子安得又"姓李氏名耳"？春秋典籍中甚至没有人姓李。所谓"关令尹喜"，到底是关令姓尹名喜、关之令尹名喜、还是关之令尹甚喜？《庄子·天下篇》称"关尹老聃"为古之博大真人，《吕氏春秋·不二篇》谓"关尹贵清"，则"关尹"也者，姓关名尹，与关隘之关毫不相关。"令尹"是楚官名，其地位相当于秦之丞相，中原关隘的守吏根本不得称为令尹。周安王二十六年（前376）三家分晋乃有魏国，上距孔子之卒已一百零四年，与孔子同时或更长的老子的儿子怎么可能为魏将？汉文帝即位上距孔子之卒整三百年，老子的七代孙怎么可能仕于汉文帝？因此，老子究竟姓甚名谁，生活在什么时代，《老子》一书究为谁作，什么时候成书，都成为问题。

许多前辈学者对这些问题作过劳心尽力的考证，结果众说纷纭，莫衷一是。造成这种状况的原因其实非常简单：司马迁根据传闻写出老子传，他把传闻中几个不同时代的人揉在一起了。但司马迁并没有欺骗我们，他说得明白，"或曰儋即老子，或曰非也，世莫知其然否"，可见老子究竟是谁，司马迁也不清楚。老子既生于春秋，又见于战国，他究竟活了多大，司马迁也只是"盖"而已。"盖老子百有六十馀岁，或言二百馀岁，以其修道而养寿也。"百有六十馀岁，或言二百馀岁，是决不可能的事情。这些说法，只是说明司马迁记录的是传说，而并非信史。既然司马迁都弄不明白，我们现在要把老子、李耳、太史儋三者查个水落石出，可以说永远没有可能。

本文不拟对那些考证一一加以剖析，只简单地写下我自己的结论。那就是：老子就是老子，亦即老聃，老子和孔子同时而略长；《老子》书是老子的著作，但经过一个口耳相传的过程，其成书已到了战国时代，因而掺入了一些战国时代的词汇甚至段落。

道家之称老庄，如儒家之有孔孟，作为老子道家哲学的主要继承者，庄子及其门徒应该确知有老子。《庄子》书中"老子"之称凡二十二见，"老聃"之名凡四十四出，而绝无称为李耳者，自亦无称为太史儋者。《尹文子》《文子》《列子》虽系后出或伪托，但在先秦亦未必全无根蒂。这些书中亦大量称引老子，而绝无有称为李耳者，自亦无称为太史儋者。非独道家著作为然，其他先秦典籍亦莫不如此。《墨子》《荀子》《吕氏春秋》《礼记》《战国策》都有老子或老聃，韩非子《解老》《喻老》更是解释《老子》的专著，都绝无称为李耳者，自亦无称为太史儋者。这绝对不是偶然的。所以说老子就是老子，亦即老聃；而绝非李耳，也不是太史儋。

至于老子何以又"姓李氏名耳"，我们只能推测是司马迁把一个叫李耳的人掺合在一起了。李耳其人，无从考索。古今一些学者，对老子即是李耳有过不少曲说：如葛玄《道德经序》谓老子"生而皓首，故称老子"，江瑔《读老子卮言》谓"老子老而隐，故自称老子"，高亨《老子传笺证》谓"老李一声之转"，似老子亦即李子。是皆想当然之说，试图将老子、李耳强加牵合。不提供任何根据，用想当然立论是没有意义的。清人姚鼐《老子章义》谓"老子宋人，子姓，老其氏，子之为李，语转而然"。本来老子姓老还是姓李已经纠缠不清了，姚鼐又给他加一个"子姓"，更是治丝而益梦。姚姬传立论的根据其实也很简单，宋承殷祀，殷王姓子，老子宋人，故老子也应为子姓。其说当然不能成立。老子宋人，未必宋人都从子姓！这种猜测同样没有意义。

　　老子究竟为谁，还有各种不同的说法。其中最突出者，如钱穆《老子辨》谓老子就是老莱子，莱为除草之称，故老莱子即荷蓧丈人；谭戒甫《史记老子传考证》通过文字通假，谓老莱子就是老彭，又说老聃就是太史儋。他们把老子、老莱子、荷蓧丈人、老彭、太史儋都纠合到一块来了。孙次舟《跋〈古史辨〉第四册并论老子之有无》说"老子本无其人，乃庄周之徒所捏造"。钱谭二位毫不费力呼来一大堆老头，孙公一挥手即一个都没有了，这种魔术似也没有必要去揭底。再就是罗根泽谓老子就是太史儋。罗氏的考证甚为严肃，但结论仍然值得商榷，老子决不就是太史儋。这个问题后面论证《老子》书究竟为谁作时再来探讨。

　　司马迁说孔子曾问礼于老子，这在先秦典籍中可以找到不少影迹，兹列举如下：

　　《庄子·德充符》：无趾语老聃曰："孔丘之于至人其未耶？……"老聃曰："胡不直使彼以死生为一条，以可不可为一贯者解其桎梏，其可乎？"

　　《庄子·天地》：夫子问于老聃曰："有人治道若相放，可不可，然不然。辩者有言曰，'离坚白，若县宇'，若是则可谓圣人乎？"

　　《庄子·天道》：孔子西藏书于周室。子路谋曰："由闻周之征藏史有老聃者，免而归居，夫子欲藏书，则试往因焉。"孔子曰："善。"往见老聃，而老聃不许。

　　《庄子·天运》：孔子行年五十有一而不闻道，乃南之沛见老聃。老聃曰："子来乎！吾闻子北方之贤者，子亦得道乎？"

　　同上：孔子见老聃而语仁义。

　　同上：孔子谓老聃曰："丘治《诗》《书》《礼》《乐》《易》《春秋》

六经，自以为久矣，孰知其故矣，以奸者七十二君，论先王之道而明周召之迹，一君无所钩用。甚矣，夫人之难说也！道之难明邪！"老子曰："幸矣，子之不遇治世之君也。"

《庄子·田子方》：孔子见老聃，老聃新沐，方将被髮而乾，慹然似非人。孔子便而待之。少焉见，曰："丘也眩与？其信然与？向者先生形体掘若槁木，似遗物离人而立于独也。"老聃曰："吾游心于物之初。"

《庄子·知北游》：孔子问于老聃曰："今日晏闲，敢问至道。"老聃曰："汝齐戒，疏瀹而心，澡雪而精神，掊击而知。夫道窅然，难言哉！将为汝言其崖略。"

《礼记·曾子问》：曾子问曰："葬引至于堩，日有食之，则有变乎？且不乎？"孔子曰："昔者吾从老聃助葬于巷党，及堩，日有食之。老聃曰：'丘，止柩就道右，止哭以听变。'既明反而后行。曰：'礼也。'"

同上：曾子问曰："下殇土周葬于园，遂舆机而往，涂迩故也。今墓远，则其葬也如之何？"孔子曰："吾闻诸老聃曰：昔者史佚有子而死，下殇也。墓远。召公谓之曰：'何以不棺敛于宫中？'史佚曰：'吾敢乎哉？'召公言于周公。周公曰：'岂不可！'史佚行之。"

同上：子夏曰："（三年之丧卒哭），金革之事无辟也者，非与？"孔子曰："吾闻诸老聃曰：昔者鲁公伯禽，有为为之也。"

《吕氏春秋·当染》：孔子学于老聃。

诚然，所有这些材料都可以怀疑。因为，这些材料无例外都是战国后期的作品，而非春秋末季或战国前期之作。《庄子》书中的寓言故事，未可以为信史。且其中"可不可，然不然"，"离坚白，若县宇"，"仁义"并称、"六经"齐举，都是战国时代的语汇。《曾子问》中，老子于丧礼言之凿凿，与反对礼的老子思想实相抵触。尽管如此，但它们毕竟把老子和孔子连在一起。战国时人在编造寓言或传闻故事时贯注了战国时人的观念，但毕竟认可了老孔之间的关系。特别是，道家和儒家两个对立的派别，都承认老子和孔子有过交往。郭沫若说关尹就是环渊。关尹和老聃有过交往，而环渊是齐宣王时人，这不一下把老聃拉到了战国。但郭沫若的根据仅仅是"关尹"和"环渊"是"一声之转"，要是它们不"转"呢？清末四川有个秀才叫作高敏乐，同郭沫若也是一声之转，能说高敏乐就是郭沫若吗？事实上关尹是关尹，环渊是环渊（见后）。更何况郭氏本人也不否认老子生于春秋末季。因此我们有理由认为，老子和孔子同时，年龄或较孔子为长，同是春秋末季的人物。司马迁谓老子为"楚苦县人"者，以入楚前之苦县属之入楚后之苦县而已，此亦无关大局。楚苦县，地即今河南鹿邑，为老子的家乡。

诸子之书，凡某子所著即称"某子"，因此先秦典籍中凡称"老子"，可以理解为老子其人，亦可以理解为《老子》其书；《老子》书为老子所著应不成为问题。韩非写了《解老》和《喻老》。是韩非确知《老子》为老子之书。尤可征信者，诸书所引老子言论，可以在《老子》书中得到印证：

《太平御览·兵部》录有墨子曰："故老子曰：道冲而用之有不盈也。"（今本《墨子》缺）引语见《老子》四章。

《庄子·寓言》引"老子曰：大白若辱，盛德若不足"。见《老子》四十一章。

《庄子·天下篇》引"老聃曰：知其雄，守其雌，为天下谿，知其白，守其辱，为天下谷"。见《老子》二十八章。"人皆取先，己独取后"与《老子》七章"后其身而身先"，六十七章"不敢为天下先"句意相同。"受天下之垢"，与《老子》七十八章"受国之垢，是谓社稷主"句意相近。"无藏也故有馀"即《老子》八十一章"圣人不积"之意。"人皆求福，己独曲全"，即《老子》二十二章"曲则全"之义。

"坚则毁矣",与《老子》七十六章"坚强者死之徒"义近。"锐则挫矣",与《老子》九章"揣而梲之,不可常保"意同。

《韩非子·六反》引"老聃有言曰,知足不辱,知止不殆"。见《老子》四十四章。

《韩非子·内储说下》引老子之言"国之利器,不可以示人"。见《老子》三十六章。

《韩非子·难三》引"老子曰:以智治国,国之贼也"。见《老子》六十五章。

《战国策·齐策四》颜斶曰:"老子曰:虽贵必以贱为本,虽高必以下为基,是以侯王称孤寡不穀,是其贱之本与?非夫?"见《老子》三十九章。

《战国策·魏策一》引"故老子曰:圣人无积,尽以为人己愈有,既以与人己愈多"。见《老子》八十一章(本帙移入七十七章)。

《荀子·天论》谓"老子有见于诎,无见于信",是针对《老子》"曲则全,枉则直"(二十二章)、"大直若屈,大巧若拙"(四十五章)的思想所作的批判。

《吕氏春秋·不二篇》谓"老子贵柔",符合《老子》思想。三十六章"柔弱胜刚强",四十三章"天下之至柔,驰骋天下之至坚",五十二章"见小曰明,守柔曰强",七十六章"强大处下,柔弱处上",七十八章"弱之胜强,柔之胜刚,天下莫不知,莫能行",皆贵柔之证。

这些老子之言,老聃之语,都直接从《老子》书中引出。引用者无疑熟悉《老子》,而且无疑都认定《老子》为老子所著。

《老子》为老子所作，应无可疑。但在《老子》书中确有一些战国时代的概念与词汇，如"偏将军居左，上将军居右"，"仁义"并提，称大国诸侯为"万乘之主"，"百姓"已指普通民众，等等。之所以出现这种情况，是因为《老子》有一个口耳相传的过程。老子大概无意于作诗，文章如此简炼，而且采用歌诀的形式，就是为了便于传授。其中又间用散句，有些语句颇似注语，就是长时间口耳相传的结果。在长时间传授的过程中，尽管掺入了一些战国时代的概念和词汇甚至某些句段，但不能因此否认老子的著作权。

关于《老子》的作者，也有许多不同说法。清人崔述有《洙泗考信录》，他从尊孔护儒的立场出发，武断《老子》书乃庄周之徒所伪托，这属于学派偏见，不是科学论断。庄子确系老子道家哲学的继承者，但庄子的哲学思想并不同于老子，他想要伪托既无必要也不可能。近代有些学者认为《老子》为战国后期甚至更晚的著作，因而提出了种种看法。如刘汝霖《周秦诸子考》认为教孔子的老聃说了许多格言，由战国的李耳编撰成书。这是想象之说，并无根据。冯友兰也断定《老子》"为李耳所著"，谓"老聃其人是否存在都不可知"（冯著《中国哲学史》）。范文澜也同此说，谓《史记》"载李耳乡里世系甚详，决非虚构"（范著《中国通史》）。如前所述，老子、老聃见于先秦典籍八十馀次，还不算《尹文子》《文子》《列子》等存疑之作中称引的老子，而李耳绝不见于先秦典籍。即在《史记》老子传中，全文主人公都用"老子"，凡十二见，而"李耳"仅出现两次。《史记》老子传明明说"老子者，楚苦县厉乡曲仁里人也"，"老子之子名宗，宗为魏将"；而李耳仅有"姓李氏名耳"五个字。而冯范二公却得出了史载"李耳乡里世系甚详"，而老子其人是否存在都成问题的结论，实在使人费解。在先秦古籍中还没有地方可以找到李耳，哪里谈得上他的"乡里世系"，又怎么知道他在哪里著书呢？我们实在无法理解冯范二公这样并不轻率的学者却作出如此轻率的结论。钱穆《老子辨》认为要找一位《老子》的作者，则与楚襄王同时的詹何"庶几近之"。科学研究必须查证落实,"庶几近之"是不行的。春秋末季的孔子怎么可能向战国末年的詹何请教呢!郭沫若著《老聃·关尹·环渊》一文,根据《史记》老子传谓老子"乃著书上下篇",《孟荀列传》又称环渊"学黄老道德之术,因发明序其指意","著上下篇",郭氏把两个"上下篇"等同起来,因谓《老子》为环渊所著,并谓环渊亦即关尹,"上下篇"者,上篇与下篇也,并非确切的书名,岂可因为都有上篇和下篇即可属之一人?司马迁明明说环渊等对《老子》是"发明序其指意",怎么可能改易为著作《老子》呢?《汉书·艺文志》录有《老子》经传、经说三种,《蜎子》十三篇(原注:"名渊,楚人,老子弟子。"无疑即是环渊),《关尹子》九篇。可知刘向、刘歆、班彪、班固所见,《老子》是《老子》,《蜎子》是《蜎子》,《关尹子》是《关尹子》,书名确凿,主名清楚,各是各的著作,怎么可能混而为一。

清人汪中著《老子考异》,谓老子就是太史儋,《老子》即太史儋所著。此说从之者颇不乏人。罗根泽在《老子及〈老子〉书的问题》等文中,作了大量的考证,力图证成汪中之说,是断定老子就是太史儋、《老子》为战国之作最有力的一家。罗氏的论据主要有四:一曰"聃"与"儋"音同字通;二曰聃为周之柱下史,儋亦周之太史;三曰老子西出关,太史儋见秦献公亦必西出关;四曰"老子之子名宗,宗子注,注子宫,宫玄孙假仕汉文帝",作为太史儋的子孙则年代切合。对罗根泽的说法,高亨从逻辑上进行了反驳,曰:"聃儋字通,未必一人之名;仕周为史,未必一人之事;出关入秦,未必一人之迹。"罗氏的考证虽甚细致,但证据并不过硬。提出新证,必须把相反的证据全部推翻才能成立。如果认定战国时期的太史儋就是老子,那就必须把《庄子》《曾子问》《吕氏春秋》以及《史记》本传所述孔子与老子的关系彻底否定,然而要彻底否定是不可能的。无论是汪中还是罗根泽都未能对古人的记录作任何反驳。我们对汪罗之说倒可以提两条反证。司马迁说"自孔子死之后百二十九年而周太史儋见秦献公"。孔子死之后百二十九年为秦孝公十二年,其时献公已于十二年前去世,所见者可能是孝公(《周本纪》《秦本纪》亦载其事,年代互有差异)。据庄子传，庄子与梁惠王同时，验之《庄子》本书亦合。惠子曾为梁惠王相，而惠子是庄子的论敌和朋友。秦献公卒于周显王七年（前362），其时为梁惠王八年，而秦孝公十二年（前350），其时为梁惠王二十年。可见太史儋其人，实与庄子同时而略长。如果太史儋就是老聃，庄子怎么可能对一个并世同时的学者作如此之多的称引；又，怎么可能把老聃推到一百多年以前去做孔子的老师呢，哪怕是寓言也罢！《天下篇》称老子为"古之博大真人"而不是"今"之博大真人，老子怎么可能是庄子同时代人呢？又，《战国策·魏策一》记梁惠王二年事即引用了《老子》。梁惠王二年，魏将公叔痤战胜韩赵，惠王奖赏公孙痤，公孙痤辞谢，认为是吴起等前代重臣的"馀教"才使战争取得胜利。惠王听取了公叔痤的意见，以大量田地赏赐吴起等人的后代，并引老子曰："圣人无积，尽以为人己愈有，既以与人己愈多。"梁惠王二年（前369）为秦献公十六年，上距孔子之卒百一十年，下距太史儋入秦十九年，如果《老子》是太史儋所著，当时怎么可能把他当作古人来引用他的话呢？由此可证，太史儋绝不可能就是老子。司马迁不知道太史儋是不是老子，罗根泽氏说"儋即老子"，我说"非也"。

除上述诸说以外，还有一些学者只论断《老子》成书于战国后期或更后，而不着重其作者为谁。他们的论点论据，异同错杂，无需一一辨析，这里只提出其论点，并对每一论点点出一名代表人物。这些论点主要有六：

一曰孔子之前没有私人著述，春秋时代也没有《老子》这样的文体（冯友兰）。——孔子之前没有私人著述这一结论还不能那么绝对。前面已经提及，《老子》一书有一个口耳相传的过程，也可能掺有战国时人的词句甚至章段，但不能因此否定《老子》著作权的归属。文体确受时代的制约，但一个时代的文体，此峰彼谷，或先或后，情况也很复杂。《孙子》为孙武所作往昔亦被怀疑，并有人断定为战国孙膑所作。一九七二年山东临沂银雀山出土了《孙膑兵法》，《孙子》非孙膑之作已无疑义。郭化若认为，《孙子》为春秋孙武总结过去的和亲身经历的战争经验整理而成的一部军事理论著作，但经过他的学生门徒的口传笔录，其成书时间大概在春秋末到战国初这一过渡时期（见郭著《孙子译注》）。这情况和《老子》的成书过程类似。小有差别者，战国时人的概念和语汇掺入《老子》的远较《孙子》为少；《老子》采用极其简练的歌诀，更便于传授，而《孙子》的篇幅要大得多，已具大型论文的形式。怎么能说孔子之前绝对没有私人著述呢！

二曰"仁是儒家孔子的观念"，"老子却在'仁'未发现的时候便会反对仁义"，当然只能在孔子之后（侯外庐）。——"仁"确实是孔子政治伦理的核心；但绝非到孔子才"发现"。《诗·郑风·叔于田》"洵美且仁"与《齐风·卢令》"其人美且仁"，都是赞美主人公"仁"的品格。《左传》《国语》大量论及仁义。《左传》隐公六年，陈公子佗曰："亲仁善邻，国之宝也。"庄公十二年，君子曰："酒以成礼，不继以淫，义也；以君成礼，弗纳于淫，仁也。"僖公十四年，晋庆郑曰："幸灾不仁"，"怒邻不义"。《国语·周语上》内史兴告周襄王曰："礼所以观忠信仁义也。"《周语中》富辰谏周襄王曰："章怨外利，不义"；"以怨报德，不仁"。"义所以生利也"，"仁所以保民也"；"不义则利不阜"，"不仁则民不至"。"仁"怎么能说到孔子才发现呢！

三曰孔子、墨子、孟子都没有称及老子（梁启超）。——老子，隐君子也，在他生前以及死后一段时间不为人们所重视并不足怪。相互论难是战国后期的风气，因之《论语》《墨子》没有称及老子不应成为问题，《孙子》《老子》又何尝称及他人呢？孟子与庄子基本同时，《庄子》已大量称引老子，因之《孟子》没有称引老子不应成为怀疑老子年代的根据。

四曰老子的八代孙没有可能与孔子的十三代孙同时（梁启超）。——汉代人到三百多年以前的历史上去找一位祖宗，或者有根，或者无据，我们不能那么当真。战国之世，老子"道隐无名"。他的子孙也不见经传，汉初崇尚黄老，老子的子孙也应运而出，我们怎么能把它当作真凭实据呢？司马迁明明说老子"莫知其所终"，老子是不是太史儋他也不知道，老子的子孙却如此一清二楚，怎么可能绝对信实呢？

五曰《吕氏春秋》吸收了大量《老子》的内容，却没有吐露取材于

《老子》，寻不出引用《老子》的痕迹。直到《淮南子》出，才奠定老子独尊的地位。因此《老子》成书于《吕氏春秋》之后、《淮南子》之前（顾颉刚）。——按照顾老先生的高见，《老子》实际上成了汉初的著作。顾氏的论断如果成立，对先秦典籍的认识将发生天翻地覆的变化，征引《老子》如此之多的《庄子》《荀子》《韩非子》等等都必须是汉人的著作，因为它们都只能在《老子》之后；百家争鸣实际也拉到了汉代。《史记·孟荀列传》载："慎到，赵人；田骈、接子，齐人；环渊，楚人。皆学黄老道德之术，因发明序其指意；故慎到著十二论，环渊著上下篇，而田骈接子皆有所论焉。"上述诸人都是齐宣王的稷下学人。齐宣王在位当周慎靓王元年（前320）到周赧王十三年（前302），下距吕不韦于秦王政元年（前246）相秦约六十年，其时《老子》已流布天下，北自燕赵南至荆楚的学人都在研究，并有不少著作"发明序其指意"，《老子》成书怎么可能反而会在《吕氏春秋》之后呢？这样的论断不止是不能成立，而是极其荒诞。

六曰《老子》一书所包涵的学说甚为复杂，自杨朱的贵生，宋牼的非斗，老聃的贵柔，关尹的清虚，慎到庄周的弃智去己，战国末年的重农愚民思想，以及倪良的兵家言都有。换言之，即《老子》没有自身独立的系统，是一部杂凑的著作（顾颉刚，杨荣国）。——《老子》一书具有极为完整的系统，其思想之精深博大，远非杨朱、宋牼等人所可比拟，这是浅涉《老子》都会了解的。认为《老子》是杂凑战国诸人的东西，那是把源与流完全颠倒了。

除上述诸端，也还有一些别的说法，那更无关宏旨。我的结论本是古已有之，并非新创，我只是加以维护，并对若干具有代表性的相反的看法略加辩正。前文征引的原始材料，也早为许多前辈学者，特别是马叙伦、唐兰、胡适、郭沫若、高亨、蒋锡昌等或多或少、或疏或密，反复引证过，我只是加以综合和补充。我的结论和他们不同之处在于，我只抓住主干，而略去支蔓，即只简要地论定老子就是老子，老子和孔子同时而略早，《老子》书基本上是老子所著，而略去孔老关系的具体内容、老子的行踪时地、李耳太史儋的生平真伪等等。因为这些问题已难以查考，无从征信，故付诸阙如。

（二）天地万物生于有，有生于无

《老子》的成书有一个口耳相传的过程，可能是为了便于传受，书基本上采用韵文的形式，而又灵活地间用散句。（其中有些散句可能是后人注释的文字。）他把文章凝练到了最大限度。把《老子》几个重要的命题，排成一个系列加以分析，是把握老子哲学最为便捷的方式（括号中数字为《老子》章次，全文同）：

> 天地万物生于有，有生于无。（四十）
> 柔弱胜刚强。（三十六）
> 道常无为而无不为。（三十七）

"有生于无""柔弱胜刚强""道常无为而无不为"，三者是老子哲学的主干，可以说概括了老子哲学的全部内涵。

在现存的古代典籍考察，老子是中国第一个系统地提出宇宙本原学说的哲人。单凭这一点，他就无愧于称之为"老子天下第一"。老子把他认定的宇宙本原称为"道"：

> 有物混成，先天地生。寂兮寥兮，独立而不改，周行而不殆，可以为天地母。吾不知其名，字之曰"道"。（二十五）

"道"作为一般概念，是古已有之的，本义为"道路"，引而申之，在不同的语言环境里，"道"是学说、主张、德行，或法则、方法之类的意思。老子把这个一般概念，借来作为宇宙本体的名称，成为一个特定的范畴。在《老子》书中反复描述了"道"的本质性状及其功用：

> 道冲，而用之或不盈。渊兮似万物之宗，湛兮似或存。吾不知谁之子，象帝之先。（四）
>
> 谷神不死，是谓玄牝。玄牝之门，是谓天地根。绵绵若存，用之不勤。（六）
>
> 视之不见名曰夷，听之不闻名曰希，搏之不得名曰微。此三者不可致诘，故混而为一。其上不皦，其下不昧，绳绳不可名，复归于无物。是谓无状之状，无象之象，是谓惚恍。（十四）
>
> 道之为物，惟恍惟惚：惚兮恍兮，其中有象；恍兮惚兮，其中有物。窈兮冥兮，其中有精，其精甚真，其中有信。自古及今，其名不去，以阅众甫。（二十一）
>
> 譬道之在天下，犹川谷之于江海。（三十二）

老子认为，宇宙的本原是一种原始的客观存在，他名之为"道"。道，视之不见，听之不闻，搏之不得，是无法感知的，但是客观存在。道不由任何东西产生，是本来就存在的。道产生天地万物，而天地万物最终都要回复归其本原，而道是永恒的。它无所产生，也永不消灭。庄子是老子的主要继承者，他在《大宗师》中对道作了这样的描述：

> 夫道，有情有信，无为无形，可传而不可受，可得而不可见；自本自根，未有天地，自古以固存；神鬼神帝，生天生地；在太极之上而不为高，在六极之下而不为深，先天地生而不为久，长于上古而不为老。

庄子并不全同于老子，但他对"道"的描述，是符合老子的思想的。

由于道无法感知，无形无象，故老子又把它叫作"无"。《庄子·天地》篇谓"泰初有'无'，无'有'无'名'"，这里"无"即是道，它既没有实体，又没有名称。由"无"衍生出来的原始的物质，老子把它叫作"有"，由"有"再衍化为天地万物，故曰"天地万物生于有，有生于无"。老子以道为宇宙的始基，故又以始基之数"一"为道之别名。《老子》书中反复提到"一"："营魄抱一，能无离乎？"（十）"圣人抱一为天下式。"（二十二）"天得一以清，地得一以宁，神得一以灵，谷得一以盈，万物得一以生，侯王得一以为天下贞。"（三十九）"一"即是道。《淮南子·诠言》曰："一也者，万物之本也，无敌之道也。"《原道》曰："所谓一者，无匹合于天下者也。卓然独立，块然独处；上通九天，下贯九野；员不中规，方不中矩；大浑而为一，叶累而无根，怀囊天地，为道关门，穆忞隐闵，纯德独存；布施而不既，用之而不勤。是故视之不见其形，听之不闻其声，循之不得其身，无形而有形生焉，无声而五音鸣焉，无味而五味形焉，无色而五色成焉。是故有生于无，实出于虚；天下为之圈，则名实同居。""是故一之理施四海，一之解际天地，其全也，纯兮若朴；其散也，混兮若浊。浊而徐清，冲而徐盈；澹兮其若深渊，泛兮其若浮云；若无而有，若亡而存。万物之总，皆阅一孔；百事之根，皆出一门。其动无形，变化若神；其行无迹，常后而先。"这些话都原于《老子》，《淮南子》作了集中的表述。

"一"即是道，但老子又把它作为道所生的原始物质，四十二章云："道生一，一生二，二生三，三生万物。万物负阴而抱阳，冲气以为和。"这是用代数式来表示"道生万物"的过程，《淮南子·天文》曰："道曰规始于一，一而不生，故分而为阴阳，阴阳合和而万物生。"根据这一解释，则"一"又为道之最初生成物；一分而为二，即阴与阳；阴阳合和而产生第三者，再繁衍而生万物。这其实是"天地万物生于有，有生于无"的另一表述形式。《老子》首章云："无，名天地之始；有，名万物之母。""无"即是"道"，"有"则为"一"，实际也包括"二"、"三"以至"万物"，故"无生有"即道生万物。

当老子在世界的东方宣布宇宙的本原曰"道"的时候，西方希腊的哲人也在作同样的思考。希腊米利都学派的泰勒斯（前624?—前547?）认为宇宙的本原是水，万物有生有灭，而水是永恒的。另一位米利都派学者阿拉克西曼德（前610?—前546?）则认为万物的本原是"无限者"，阿拉克西曼德的学生阿拉克西米尼（前585?—前525?）则把气作为世界的本原。老子的"道"和阿拉克西曼德的"无限者"较为相似。和阿拉克西米尼大体同时的毕达哥拉斯（前580?—前500?）却认为万物的本原是"一"，从一产生二，从一和二产生出各种数，再产生出"水火土气"四种元素，再衍生为世间万物。表面上看，毕达哥拉斯的公式同老子的"道生一，一生二，二生三，三生万物"非常相似，但实际是不同的。毕达哥拉斯的"数"是极其抽象的，神秘的，是数的本身；而老子所用的数字却是一种代数，他们代表具体的东西。晚于毕达哥拉斯的赫拉克利特（前530?—前470?）则认为世界是一团燃烧着的永恒的火，再后的德谟克利特（前460?—前370?）则认为世界一切的本原是"原子和虚空"。这些哲学家的年代同老子大体相当，他们的学说同老子东西辉映。希腊先哲在宇宙本原的讨论中非常热烈，相形之下，老子就相当寂寞了，连伟大的孔夫子也决不涉足他的领域。

二十世纪五十年代后期，我国学术界对以"道"为核心的老子哲学进行过激烈的争论。有些学者认为老子的"道之为物"，即"道这个概念"，世界是概念先于物质，从"无"生"有"，因此是唯心主义。有些学者的意见恰好相反，认为老子的"道"是"物"，讲自然法则，因此是唯物主义。那是一个教条主义泛滥的时代，对古人也要给他们一一排队，贴上标签，非此即彼。"文化大革命"结束以后，任继愈先生对这种简单化的做法进行了反思。任先生在《老子新译》一书的绪论中，指出给老子划分唯心唯物的两派，方法上都有错误。认为他们对老子不是"还其本来的面貌，明其本来的价值；而是代替老子立论的方法"是不科学的，"把老子自己还不曾想到的一些问题，替他填平补齐；把老子自己不能自圆其说的地方，替他说得圆满无缺，这就使老子原来的面貌变了样"。任先生还指出，不能把老子的道，比做黑格尔的"绝对精神"，这样的类比是不科学的；因为老子的时代不能达到像黑格尔那样高度抽象的程度;也不能把老子的"道"解释为"物质一般","物质一般"的概念也是近代科学以前所不可能有的。"文革"这场历史上空前的闹剧收场以后,任继愈先生能这样反思就很值得嘉许。

"道之为物"意即道这个东西,但究竟是什么东西,老子自己也说不清楚。他一再说,"寂兮寥兮","惟恍惟惚","渊兮似万物之宗,湛兮似或存",而且"视之不见","听之不闻"。他没有说是"绝对精神",也没有说是"物质一般",我们就没有理由代替他作如此如彼的解释。老子在二十五个世纪以前的荒莽悠邈的古代能够提出这种宇宙本原的学说,确是极其卓越的思想。老子之"道"的本质及其价值可以作如下的概括:

第一,尽管老子把"道"说得惟恍惟惚,但他毕竟越过感官所及的天地万物、日月星辰之外,认为有一种永恒的客观存在。"惚兮恍兮,其中有象;恍兮惚兮,其中有物。"恍惚归恍惚,但那客观存在他是认准了的。"道可致而不可求"(苏轼语),虽然感官无法感知,但通过逻辑思维是可以认识的。老子用他那"恍兮惚兮""惚兮恍兮"的"道"作为宇宙的本原,比希腊的哲人认定宇宙本原是某一种具体的我们可以感知的物质更为卓越;因为能够衍化为天地万物的本原,是一种"一般"的东西,而不是一种可以直接感知的具体的物质,这样更好理解。有些人认为老子的"道"太抽象,太神秘,因而是唯心的。这未免苛求古人。在生产和科学水平都极其低下的古代,能够认识到具体物象之外还有一个微妙的客观存在,已经很不简单。宇宙本原的提出是人类探索宏观世界和微观世界的开始,其意义可以和现代科学探索宇宙空间和探索物质的分子、原子、各种基本粒子以及寻找宇宙的终极物质的精神相比。赫拉克利特认为世界是一团永恒不息的火,德谟克利特认为宇宙本原是原子和虚空,马克思主义经典作家对他们作了极高的评价。其实,不管活火也得,原子也得,同样是逻辑思维的产物,又何尝不具有一定的神秘性呢!

第二,中国古代没有明显的创世说[①],但冥冥中那个至高无上的神在古人的意识中还是存在的。神话中的天姑且不去说它,夏商周三代的统治者就都说他们的所作所为是奉天的旨意进行的。夏启要征有扈氏,便谓有扈氏"天用剿绝其命",他于是"惟恭行天之罚"(《尚书·甘誓》)。商汤要讨夏桀,便谓"有夏多罪,天命殛之",于是他也就"致天之罚"(《汤誓》)。周武王伐纣,同样要假用天命,也说他是"惟恭行天之罚"。无论诗书所载,左国所传,那个冥冥上苍总是牢牢地控制着宇宙,掌握着亿万斯年人类的命运。孔子罕言天,他的态度是"于其所不知则付诸阙如",但也并不否认有意志的天的存在。至若墨子,《天志》《明鬼》,是明确地笔之于书的。老子却宣布先天地生的是"有物混成"的道,无疑就取消了那个有意志的"天"的存在,这不能不说是对有意志的"天"的一次意义巨大的革命。有些学者说老子的"道"是上帝的别名,这种类比与客观事实大相径庭。

第三,老子多次阐明,道"先天地生","为天下母","天地万物生于有,有生于无",是老子已明确地认识到,天地也和其他万物一样是"生"出来的。老子又多次谈到"反"和"复"。"反者道之动"(四十),反是道的运动规律。"夫物芸芸,各复归其根"(十六),"复归于无物"(十四),即天地万物最终都必然回归其本原。老子显然从人和动物无数生成死灭的现象中得出这一普遍规律。是老子已认识到天地万物无一例外都有其产生、发展、灭亡的过程,认识到凡是产生的一切都必然灭亡的真理。这不能不说是非常卓越的思想。虽然他的"道生一,一生二,二生三,三生万物"的公式,对天地万物产生发展的过程表述得相当抽象,但时至科学昌明的今天,谁又能说得那么具体呢?为此我们不能不佩服老子思想的深邃。认定老子的道是唯心主义的人说,老子的道是"无",从无生有,当然不是唯物论。老子的道又叫作"一",把抽象的数作为宇宙的本原,无疑是唯心的。其实,不应该有这样的误解。"无"不等于没有,"一"并非二的一半。老子认为道无形无象,故称曰"无"。道是世间万物的始基,故用始基之数"一"作为代称。对这些有特定内涵的哲学范畴,不能用现代这些词的常义去理解。

第四，老子多次说到"道冲，而用之或不盈"，道"绵绵若存，用之不勤"，道是永恒的，其功用永远没有穷尽。在老子的认识中，已有相当明确的"无限"的观念。认识宇宙的无限性，是人类认识的一大进步。到后来惠施把"无限小"表述为"至小无内"，"无限大"表述为"至大无外"（《庄子·天下》），概念更为清晰。《庄子·秋水》篇里也有类似的表述。

① 《太平御览》二有三国吴徐整《三五历纪》记述的盘古开天地神话："天地混沌如鸡子，盘古生其中。万八千岁，天地开辟，阳清为天，阴浊为地，盘古生其中。一日九变，神如天，圣如地。天日高一丈，地日厚一丈，盘古日长一丈。"故事较后起，先秦古籍没有此类记载。

（三）柔弱胜刚强

全部老子哲学就是围绕"道"这一基本范畴来探索宇宙人生一切事物的普遍规律。

老子认为，人应该理解道的本质，掌握道的规律，这就是"德"；道之体现为"德"。"孔德之容，惟道是从"（二十一）；反过来说，"惟道是从"，即为"孔德"（大德）。"惟道是从"就是仿效道的本质、道的规律来处理人生社会的一切问题。老子认为，道无形无象，若存若亡，极其柔顺的道却能发挥极大的作用，具有无穷的力量，可以为天地之母、万物之宗。老子显然从一切生命都由弱小发展到强大，从无数涓涓细水流成江河汇成大海这些自然现象中得到启发，认定弱一定胜强，柔一定胜刚，从而得到一条事物发展的普遍规律：柔弱胜刚强。

老子把他的这一规律用之于人生社会修身处世各个方面。老子书中的许多名言，如"以其无私，故能成其私"（七）、"夫唯不争，故天下莫能与之争"（二十二）、"静胜躁，寒胜热，清静为天下正"（四十五），都是"柔弱胜刚强"这一规律的运用。因为柔弱胜刚强，所以老子极力鼓吹自处于柔弱的境地。他说"治人事天莫若啬"(五十九),"我有三宝","一曰慈,二曰俭,三曰不敢为天下先"(六十七)。所谓啬,所谓慈,所谓俭,所谓不敢为天下先,精神实质都是一致的,都是要慈柔,收敛,谦下。《老子》书中把这些旨意发挥得淋漓尽致:

上善若水,水善利万物而不争,处众人之所恶,故几于道。(八)

含德之厚,比于赤子。蜂虿虺蛇不螫,猛兽不据,攫鸟不搏。骨弱筋柔而握固。未知牝牡之合而全作,精之至也。终日号而不嗄,和之至也。知和曰常,知常曰明。益生曰祥,心使气曰强。物壮则老,谓之不道,不道早已。(五十五)

知其雄,守其雌,为天下谿;为天下谿,常德不离,复归于婴儿。知其白,守其辱,为天下谷;为天下谷,常德乃足,复归于朴。(二十八)

持而盈之,不如其已;揣而梲之,不可长保。金玉满堂,莫之能守。富贵而骄,自遗其咎。功遂身退,天之道。(九)

曲则全,枉则直,洼则盈,敝则新,少则得,多则惑。是以圣人抱一为天下式。不自见故明,不自是故彰,不自伐故有功,不自矜故长。夫唯不争,故天下莫能与之争。(二十二)

企者不立,跨者不行;自见者不明,自是者不彰,自伐者无功,自矜者不长。(二十四)

老子认为,从事于道,就必须像水那样处于卑下,像婴儿那样柔弱天真;要知雄守雌,知白守辱;要不露锋芒,不具圭角;要自我克制,不要骄矜;"自见者不明,自是者不彰,自伐者无功,自矜者不长";反之,"不自见故明,不自是故彰,不自伐故有功,不自矜故长"。

老子"柔弱胜刚强"的命题,有其片面的真理性。他认识到,弱小的事物终将变得强大,或者恰当地说,所有强大的事物都由弱小发展而来,而强大的事物总会为始而弱小的事物所取代。因此他强调保持生机的重要性。"物壮则老",事物发展到壮大就会走向衰老死亡。他特别告诫人们要俭约谦下,知足知止,"去甚,去奢,去泰";不要骄矜自满,自以为是,不要逞强,"骄兵必败","强梁者不得其死"。这些教训,都具有警世规俗的意义。

但是"柔弱胜刚强"的命题片面性的缺陷也是很明显的。老子把这一命题绝对化了,弱小不会无条件地变得强大,更不是任何"柔弱"都必胜"刚强"。比方,对于战争,老子强调"不敢为主而为客,不敢进寸而退尺"(六十九),这不符合用兵之道。战争中攻守进退必须根据实际情况,灵活运用;如果只退不进,是无法取得胜利的。当然,按照老子哲学,是根本不要战争,也就无所谓胜败。但战争毕竟存在,而且越打规模越大,它不以任何人的主观意志为转移。比方,对于生存,老子主张"夫唯不争,故天下莫能与之争"。但完全不争,是达不到天下莫能与之争的目的的。当然,按照老子哲学,是根本不争,也就不存在谁与之争的问题。但是,生存竞争,也毕竟是客观现实,也是不以任何人的主观意志为转移的。因此,"柔弱胜刚强"的命题,固也闪烁着辩证法的火花;但真理超过一分即成为谬误,把这一命题绝对化,却又陷入了形而上学。

(四)无为而无不为

老子认为,"道"发挥作用的方式是"柔弱胜刚强",亦即"无为而无不为"。

历代学者对老子的"无为"作过许多解释,说法很多,但基本上可以归结为两说:一曰"不妄为",二曰"无强为"。人们觉得"无为而无不为"实在不好理解,所以就替他加了一个字。老子反对"妄为"是肯定的,"妄作凶",是他亲口说的。老子反对"强为"也无疑问,他反复强调不要逞强,自然不会赞成"强为"。但"无为"就是"无为",在"无为"的命题中加进一个"妄"字或"强"字，绝对违反了老子的本意。因为"妄"的不为，不妄的就可以为之；"强"固不为，不强则必然为之。如此"无为"就转换成了"有为"，与老子的原意完全相反。

正确的解释最好请老子自己出马。老子一而曰，"道之尊，德之贵，夫莫之命而常自然"（五十一）。再而曰，"辅万物之自然而不敢为"（王本六十四）。这是对"无为"最准确的解释。《淮南子·原道》说："天下之事不可为也，因其自然而推之。"又说："所谓无为者，不先物为也，所谓无不为者，因物之所为也。所谓无治者，不易自然也，所谓无不治者，因物之相然也。"这些解释符合老子的原意。由此可见，所谓"无为"，就是因顺自然。

全部老子哲学的精髓，也就是因顺自然。道何以存在，没有谁让它存在，它自然存在。道何以生成天地万物，道无意志，也没有任何神的意志，它自然生成天地万物。"自然者，物见其然，不知其所以然；同焉皆得，不知其所以得；鼓动陶铸而不为功，庶类混成而非其力；生之无亭毒之心，死之岂虔刘之志？"这是刘孝标在《辩命论》中对"自然"的阐扬。"草不谢荣于春风，木不怨落于秋天，谁挥鞭策驱四运，万物兴歇皆自然。"这是李太白《日出入行》中对"自然"的歌唱。他们都深得老子的旨意。

　　道常无为而无不为。（三十七）
　　上德无为而无不为。（三十八）

这两个命题是老子把"道"的法则用于社会政治的逻辑形式，是他的本体论伸展到政治论的典型表现。他认为道是自然的，它永远无为而无不为；因此体道的"圣人"也应因顺自然，按"无为而无不为"的法则施于政治。

分析一下《老子》第二章是很有意义的，甚至是很有趣的：

>   天下皆知美之为美，斯恶已；皆知善之为善，斯不善已。故有无相生，难易相成，长短相形，高下相倾，音声相和，前后相随。
>   是以圣人处无为之事，行不言之教，万物作焉而不辞，生而不有，为而不恃，功成而弗居。夫唯弗居，是以不去。

有些学者认为，本章前段是老子的相对论，后段是老子的政治论，前后文谊不相关联，应分为两章。其实不然，《老子》章次可能是后人所分，也不无错误，但绝大部分章还是严谨的，像这一章就很典型。表面上看来前后两段主旨不一，其实有极其紧密的内在联系。老子认为，天下皆知美之为美，一定是有了丑；天下皆知善之为善，一定是有了恶。同样的道理，一切对立的事物，有此必系有彼。有彼必系有此，彼此互相对立，不断连锁发展，如此矛盾丛生，是非蜂起，天下乃不得安宁。而太上之世，人民淳朴，没有不美，也无所谓美，没有不善，也无所谓善。因此老子主张，人类社会仍应归真返朴，故圣人之治，必需"无为"，处无为之事，行不言之教，使百姓无所感觉，任其自然，在美而不知其美，处善而不觉其善，无矛无盾，无是无非。老子所追求的"美"，就是这种自然之美。老子所追求的社会，就是这种自然的社会。

《庄子·秋水》里说"鯈鱼出游从容，是鱼之乐也"。鱼在水里自由游泳，是不觉得生活有多么美的，但一旦失掉了这种自由，感觉就会完全不同。如《大宗师》所说："泉涸，鱼相与处于陆，相响以湿，相濡以沫，不如相忘于江湖。"等到丧失了水，鱼才认识到水中的生活有多么美好。这个鱼在水中的例子能最好地说明"天下皆知美之为美，斯恶已"的道理。当人们对某个事情提出应该"怎么样"时，一定是那个事情"不怎么样"了，需要解决了。老子认为人类社会就是如此："大道废，有仁义；智慧出，有大伪。六亲不和，有孝慈；国家昏乱，有忠臣。"（十八）维持社会秩序的道德伦理之所以出现，必然是淳朴无争的社会已经沦丧。老子对儒家的忠孝仁义大力加以抨击，就在于他认为这些东西是世风颓败的结果。

老子追求的就是回复那个自然淳朴的社会（他认为上古有那么一个社会），其政治纲要就是取法"道"，亦即取法自然，"无为而无不为"。"天地相合以降甘露，民莫之令而自均"（三十二），上天普降雨露，没有任何人有意为之，而自然均匀，使无数的生命得到生长。整个客观世界无不如此，春生夏长，秋收冬藏，都是自然的，"无为"的，而结果是"无不为"。道没有意志，生长万物，并非有意为之，因此也不居功。他认为"圣人之治"，也应该如此，"无为而无不为"，同样也不居功，"生而不有，为而不恃，功成而弗居"。他说："天地不仁，以万物为刍狗；圣人不仁，以百姓为刍狗。"（五）即是任其自然，圣人对待百姓就也如天地对待万物，无所谓恩，也无所谓爱。

《淮南子·原道》曰："夫萍树根于水，木树根于土，鸟排虚而飞，兽蹠实而走，蛟龙水居，虎豹山处，天地之性也。两木相摩而然，金火相守而流，员者常转，窾者主浮，自然之势也。是故春风至则甘雨降，生育万物，羽者妪伏，毛者孕育，草木荣华，鸟兽卵胎，莫见其为者而功既成矣。秋风下霜，倒生挫伤，鹰雕搏鸷，昆虫蛰藏，草木注根，龟鳖凑渊，莫见其为者灭而无形。木处榛巢，水居窟穴，禽兽有芄，人民有室。陆处宜牛马，舟行宜多水，匈奴出秽裘，于越生葛絺。各生所急，以备燥湿；各因所处，以御寒暑；并得其宜，物便其所。由此观之，万物固以自然，圣人又何事焉！"这一段话，描述动物植物各种生命，千类万有，皆因自然而生长收藏，没有谁有意为之，都能够生育成熟；各地人民，陆行水处，御燥备湿，也都因自然而生存发展，没有谁去管他们，同样能功成事遂。把老子"无为而无不为"的道理表述得极其透彻。

因为施政以"无为"最为超逸，所以人民和统治者的关系，应如鱼在水中，无所感觉：

> 太上不知有之，其次亲之，其次誉之，其次畏之，其次侮之。信不足焉，有不信焉。悠兮其贵言！功成事遂，百姓皆谓"我自然"。（十七）

最好的关系是根本不知道统治者的存在，如果人民需要同统治者亲近就差了，而如果需要赞扬统治者就有了问题，封建社会让所有的人匍匐在地不断高呼"万岁"的皇上其实是非常可怕的；等到统治者使人民畏惧就成了灾难，到人民受统治者的压迫至无法忍受，他们就会起来反抗，那就是一场生死搏斗。因此最理想的政治，是"功成事遂，百姓皆谓我自然"。

《庄子·庚桑楚》有一则寓言：庚桑楚得老聃之道，居畏垒之山，三年而畏垒大熟，社会安定。畏垒之民欲供奉庚桑楚，庚桑楚感到非常不快。他说："夫春气发而百草生，正得秋而万宝成，夫春与秋，岂无得而然哉，天道已行矣！"庚桑楚认为，为政就应该像春生秋实一样，自然成之，虽然"百草生"，"万宝成"，但它们并不感到谁施加了恩惠。现在畏垒之民竟然认为庚桑楚有功，欲供奉他，庚桑楚因此感到惭愧，觉得自己还没有真正掌握老聃之道。这则寓言是老子的政治思想极为形象的表现。

根据他的"太上"之境的构想，老子设计了一个理想的社会模式：

小国寡民：使有什伯之器而不用，使民重死而不远徙，虽有舟舆无所乘之，虽有甲兵无所陈之。使人复结绳而用之，甘其食，美其服，安其居，乐其俗；邻国相望，鸡犬之声相闻，民至老死不相往来。（八十）

这大概是世界历史上第一个乌托邦，是中国古代第一处桃花源。在这个社会里，没有剥削，没有压迫，和平安定，能保持最低限度的生活。

对老子的这种社会理想，政治主张，也必须一分为二。

老子生当春秋末季，战乱频仍，社会发生了极大的动荡，天下诸侯互相攻伐。春秋二百四十二年，仅《春秋》所记，列国军事行动达四百八十三次，朝聘盟会凡四百五十次，这些朝聘盟会也大多是军事行动的前奏或后续，有周一百四十多个诸侯国，绝大多数小国在春秋时代即被消灭。大国之间，也战争不断。孟子就作过"春秋无义战"的结论，所谓"争城以战，杀人盈城，争地以战，杀人盈野"。各国诸侯内部也矛盾百出，战斗不休。"春秋之中，弑君三十六，亡国五十二，诸侯奔走不得保其社稷者不可胜数。"(《史记·太史公自序》)这些错综复杂的斗争所造成的灾难，最终都落到广大劳动人民的身上。如此劳动人民渴望有一个和平安定的环境。老子的社会理想正是反映了劳动人民的这种愿望。他们不是要统治者给他们什么恩惠，他们唯一的希望，就是统治者不要骚扰他们，不要压迫他们，只要和平安静，哪怕是最低限度的生活，他们也心甘情愿。这种只求鼹鼠式的生存的社会理想，正是春秋末季残酷的社会现实的产物。所以老子总是告诫统治者不要扰民。"治人事天莫若啬"，收敛一点，不要太放肆了。"治大国若烹小鲜"，让他们安安静静，不要去翻搅他们，翻来搅去就都碎了。"我无为而民自化，我好静而民自正，我无事而民自富，我无欲而民自朴"（五十七），他认为只要统治者"无为"，人民自会生存下去。

所以对当时那些贪婪腐败的统治者，老子进行了揭露：

朝甚除，田甚芜，仓甚虚；服文采，带利剑，厌饮食，财货有馀：是谓盗夸，非道也哉。（五十三）

民之饥，以其上食税之多，是以饥。民之难治，以其上之有为，是以难治。民之轻死，以其上生生之厚，是以轻死。（七十五）

老子指出，统治者的贪婪暴虐，奢侈无度，是人民灾难的根源。其揭露之深刻，言词之激烈，春秋时代少有其匹。他要求统治者收敛克制，知足知止；不要掠夺财富，不要作威作福。他警告统治者，对人民"无狎其所居，无厌其所生"，要让他们能够生存；压榨过重，人民便会起来反抗。"民不畏威，则大威至"（七十二），"民不畏死，奈何以死惧之"（七十四），这种语言无异于轰雷赫电，真可以振聋发聩。老子认为"天之道，损有馀而补不足"，而当时的统治者却"损不足以奉有馀"，有道圣人应该"以有馀奉天下"（七十七）。他以天地和江海作为统治者的榜样：

天长地久。天地所以能长且久者，以其不自生，故能长生。是以圣人后其身而身先，外其身而身存。以其无私，故能成其私。（七）

江海所以能为百谷王者，以其善下之，故能为百谷王。是以欲上民必以言下之，欲先民必以身后之。是以圣人处上而民不重，处前而民不害。是以天下乐推而不厌。以其不争，故天下莫能与之争。（六十六）

天地因其自然乃能长久，江海因其自然故长于豀谷。按老子的哲学来解释，谓统治者要效法天地，效法江海，因其自然。然论其实质，无非是说明，统治者只要清静无为，不压迫人民，就会得到人民的拥护。照老子的社会观点，只要不压迫人民，不干扰老百姓，就是最好的统治者，老子的"圣人"，标准实在低得可怜！老子看到了社会上出现了统治者给人民带来的灾难，造成了社会的不平，但他找不到约束统治者的办法。他只能提出"无为而无不为"的方式，要求"圣人处无为之事，行不言之教，万物作焉而不辞，生而不有，为而不恃，功成而弗居"。"功成事遂，百姓皆谓我自然。"这只是哲人善良的愿望，是没有可能解决社会矛盾的。然而几千年的封建社会，出现过那么多杰出的思想家，政治家，人类社会这个根本的矛盾，又有谁解决了呢！

无疑，老子的"无为"政治有其荒谬的一面。首先是理论基础的荒谬。老子把他的本体论伸展到政治论，把他认识的自然法则用之于人事。——按其理论体系，是从本体论伸展到人生论，政治论；然按其探索过程则刚好相反，正是由对社会现实的考察，才进而去追索宇宙人生的。——老子认为，统治者应该像大自然一样，无为而无不为。但他忽视了一个基本的事实，即自然和社会、和社会的人，在本质上是不同的，不能使用同样的法则。人类在其进化的过程中，起初肯定是同现在我们看到的灵长类动物一样，是以"家族"形式集体生活的。为了抗拒自然的灾难，聚合成原始的部落，逐步发展而成为原始的社会，而后才进入文明的社会。"文明"是和"争斗"，和"统治与被统治"同时发展的；因此，人类社会不可能"无为"，用大自然"无为而不为"的方式用之于人类社会是不可能的。统治者施政不可能无为而无不为。自然界不存在有意志造成的矛盾，而社会的人是有意志的，存在着人与人之间的斗争，因此社会的矛盾和自然的矛盾完全不同。大自然是无私的，它不存在"以其无私，故能成其私"的问题。而社会的人，是有私的，非争不可，也就不可能"以其不争，故天下莫能与之争"。

老子"小国寡民"的社会理想，是他的消极退缩思想的反映，是不现实的，违背历史规律的。面对风涛汹涌的社会动乱，老子感到无能为力。他不是像儒家法家那样，提出一套一套经邦济世的方案，去建设新的社会，新的世界，而是消极地到远古的荒原去寻求安慰。需知那样的乌托邦并不存在，而且那种追求结绳记事仅仅是求得活命的社会构想，更与社会发展的历史进程背道而驰。

由于老子主张归真返朴，主张回复到原始的古代，因此他的社会学说中就有许多违反社会发展规律、甚至违反人性的荒谬主张。

人类文明的发展是用牺牲劳动人民的自由幸福甚至生命才取得的，然而文明毕竟是文明，推进社会前进的新的统治者虽然同样残暴，但毕竟是历史的进步。老子看到了文明所付出的代价，看到了各种大大小小统治者的凶残，但他看不到这中间的进步，因而对整个新的文明、对新的时代产生的一切社会法制伦理道德一概采取否定的态度："人多利器，国家滋昏；人多伎巧，奇物滋起；法令滋彰，盗贼多有。"（五十七）主张"绝圣弃智，民利百倍；绝仁弃义，民复孝慈；绝巧弃利，盗贼无有"（十九）。毫无疑问，一切政治法制道德伦理，都是为对付社会矛盾而产生的。老子认为，去掉对付那些矛盾的东西，矛盾本身也就没有了。这实在是把因和果弄颠倒了。修筑江堤是为了遏制洪水，由于讨厌洪水而炸毁江堤，洪水只会漫无边际地泛滥起来。历史的进程总是在痛苦中放出她的光辉的，老子却只感受到她的无法忍受的痛苦，看不到她的辉煌。

尤其荒谬的是，老子否定新的社会文明，因而主张让人民同文明彻底隔绝：

不尚贤，使民不争；不贵难得之货，使民不为盗；不见可欲，使民心不乱。是以圣人之治，虚其心，实其腹；弱其志，强其骨。常使民无知无欲，使夫智者不敢为也。（三）

五色令人目盲，五音令人耳聋，五味令人口爽，驰骋畋猎令人心发狂。……是以圣人为腹不为目。（十二）

让所有的人都穷得精光，没有任何东西可以占有，强盗也就没有了。让所有的人都蠢得像白痴，自亦不会有任何争夺。老子的理想国，竟然是让人民头脑空虚，肚子塞饱，弱其思想，强其筋骨，只要像牛马一样会劳动就可以了。不管老子打着多么圣洁的诸如"见素抱朴，少私寡欲"之类的旗号，其实质无疑是愚民政治，自然也是穷民政治。这一点他自己交代得非常清楚："古之善为道者，非以明民，将以愚之。"无需我们多加分析。

这样剖析老子政治哲学的空想性质，并不因此否定它的宝贵价值。本文前面已经论述过产生老子政治学说的时代背景，他的社会理想反映了乱离时代劳动人民的愿望。老子主张统治者不要高踞于人民群众之上，不要奢侈无度，贪婪暴虐；特别是不要扰乱百姓，让他们能够自由自在地生活。要求统治者不扰民，不居功，不贪腐，是老子政治哲学中最为宝贵的内核。凡是残暴的统治者，没有不扰民的，也没有不居功的。秦王朝之所以迅速灭亡，就在于把天下统一的功劳，全归之统治集团，甚至全归之最高统治者个人。而且无休无止地扰乱百姓，横征暴敛，迄无底止，弄得民不聊生。人民忍无可忍，如此天下反秦，秦王朝也就灭亡了。历史上如果在某一时期统治者能部分地吸取老子政治理论的精髓，就会使社会在安定状态下得到发展。汉朝建国之初，在大乱之后，特别是在文帝景帝之世，情况就是如此。"扫除烦苛，与民休息"，多少有点无为而治，如此出现了历史上少见的文景之治。当然，这与老子的理想相距甚远。但是，要知道，人类历史上任何政治思想家的学说，到后来即使部分地得到贯彻，与创立者原来的构想总是相距很远的；何况老子的政治学说本来就有他的欠缺。在中国历史上，儒法道三家的思想，常常交织在一起，他们相互矛盾，又相互补充，就因为他们各有其合理的因素，又各有其不足；正是这种交织，创造了中华民族历史的辉煌。

（五）反者道之动，弱者道之用

《老子》第四十章仅仅有四句话二十一个字，却可以看作老子哲学的纲要。后两句"天地万物生于有，有生于无"，阐述了道生万物的过程，前文已有所论述，现在来研究涉及老子辩证思想的前两句：

反者道之动，弱者道之用。

"反者道之动"，"反"是道的运动规律。这个命题包容两个方面的内涵，一是纵向的回复，即天地万物都有一个发生发展的过程，最终都必然回复到它的本原。这点前面讨论"道"的问题时已有所分析。一是横向的转化，指矛盾对立的双方，可以互相转化。下面就来讨论这个问题。

老子在讨论具体问题时，往往提出一些对立的事物。如二章云："天下皆知美之为美，斯恶已；皆知善之为善，斯不善已。故有无相生，难易相成，长短相形，高下相倾，音声相和，前后相随。"老子能够发现这些常见的事物既相互对立又相互依存的关系，自然是非常难得的。五十八章"祸兮福之所倚，福兮祸之所伏"，更是常常被人称道的名言。老子发现对立的东西是可能互相转化的，祸里面藏着福，福里面伏有祸，祸福都不是绝对的。四十二章"故物，或损之而益，或益之而损"，损益也不是绝对的，人为的损益很可能和主观愿望恰好相反。这对命题中的两个"或"字非常宝贵，它标示着损益的转化有特定的条件，并不是凡损必益，凡益必损。有些学者说老子认为矛盾的转化是绝对的，不需要条件的，因而陷入了形而上学。这两个"或"字也许替老子作出了回答，他所认识的转化并不是不要条件的。

　　但是老子的辩证法有一个相当脆弱的思想基础，老子虽然认识到事物的矛盾，但他不是引导矛盾向有利的方向转化，而是力图泯灭矛盾的存在。前面我们分析过第二章，不妨重新提起。他知道天下皆知美之为美，一定是有了丑；皆知善之为善，一定是有了恶。这一认识非常精辟。然而老子追求的是泯灭这种美丑、善恶的对立。因此下文所说的有无、难易、长短、高下、音声、前后种种矛盾对立都具比喻的性质，认为有矛盾就有是非，天下就不得安宁。因此他主张"处无为之事，行不言之教"。根据老子的逻辑，"为"之"言"之，就会有矛盾，有是非；既"无为"，也"不言"，也就没有矛盾，没有是非。关于祸福倚伏的问题，其实也是如此。孤立地看"祸兮福之所倚，福兮祸之所伏"，简直光芒四射，精妙之极，但他是在"其政闷闷，其民淳淳，其政察察，其民缺缺"这样的论题基础上提出来的。"闷闷"即无为之政，结果是"其民淳淳"，没有矛盾，没有是非，"察察"是有为之治，结果却"其民缺缺"，矛盾丛生，是非迭起。统治者努力为政，多所作为，看起来好像是福，实际上里面却包藏祸心。"祸福"两句，实侧重在"福兮祸之所伏"，目的还是要人们闷闷无为，以免引出矛盾，惹起麻烦。造福的结果很可能是祸，"正复为奇，善复为妖"，会弄得不可收拾。老子没有勇气面对矛盾，因此极力回避。然而事物的矛盾、社会的矛盾是客观存在，不是任何人想泯灭就泯灭得了的。陶渊明《桃花源记》里那个武陵渔人无意中走进了"桃花源"，看到里面是如此地和谐自然，说不尽多么美好。他只住了几天就走了，如果他多住几天，他会发现那里面一样矛盾重重。

　　"弱者道之用"，意即道以"弱"的方式发挥作用。"弱"和"静"是紧密相联的，"静"正是"弱"的表现。在"柔弱胜刚强"和"静胜躁"（或"静为躁君"）这两个命题中，"柔弱"是和"静"联在一起的，"刚强"则和"躁"联在一起，可以说两个命题表述的是同一内容。任继愈先生在《老子新译》的绪论中认为："老子从美丑、善恶、有无、难易、长短、高下、音声、前后、祸福、损益等矛盾中，都认识到矛盾双方可以互相转化，而在'静'和'动'的矛盾中，却把'静'绝对化，可见老子辩证法的不彻底。按照唯物辩证的观点，'动'是绝对的，起决定作用的，是矛盾的主要方面。老子以'静'为矛盾的主要方面，起决定作用的方面，他把事物的性质弄颠倒了。"对老子静动观的误解，任先生的批判具有代表性。

这种批判是把老子的范畴和现代的概念等同起来造成的。老子的范畴有他独特的内涵。如"无"不是"不存在"，它是存在的，只是无法感知。"无为"不是"不起作用"，它是起作用的，它以因顺自然的方式起作用。同样，"柔弱"不是"不强大"，不是"没有力量"，它是强大的，而且具有极大的力量。"静"和"躁"这对范畴尤为独特："静"不是"不动"，而"躁"并不等于"动"。在老子的用语中，"动"和"躁"是两个不同的概念：老子说"反者道之动"，他不说"反者道之躁"。老子说"静胜躁"，他不说"静胜动"；他说"静为躁君"，也不说"静为动君"。因此，需要分析"动"和"静"、"躁"这三个概念的含义和它们之间的关系。

《汉书·艺文志》著录《鹖冠子》二十二篇，《鹖冠子》肯定属于道家。《鹖冠子》原书已失传，在《列子》中残存三段。鹖冠子的话对我们理解老子的"静""弱"会有所帮助。《列子·天瑞篇》引鹖熊曰："运动无已，天地密移，畴觉之哉？故物损于彼者盈于此，成于此者亏于彼，损盈成亏，随世随死，往来相接，间不可省，畴觉之哉？"（畴，谁。世，生也）这段话实在妙不可言。它具有相当清醒的唯物的宇宙观，而且闪耀着辩证法的光辉。它不仅生动地解释了"有无相生"的含义，而且摸着了物质不灭的真理。不知道世界古代历史上有哪一位哲人的哲学语言说得如此简练而内容丰富。老子的"静"正是宇宙运动的"密移"，事物变化的"间不可省"；可见"静"是一种潜移默化的不可感知的运动变化。如果说上述解释是根据鹖冠子推论得来不足为凭的话，我们仍可以向老子本人请教。老子举了一个饶有趣味的例子，叫作"牝常以静胜牡"（六十一）。动物的交配，雄性总是"躁"不可待，激烈进攻，雌性则是"静"以接待。雄性往往先行败阵，能够持久取胜的是雌性。"牝常以静胜牡"是"静胜躁"这个抽象命题的生动例证。通过上面的分析，我们可以得出结论：在老子的概念中，"静"和"躁"是两种运动形式，静是潜移渐进的变化，躁是剧烈急进的运动。"动"包括"静""躁"两种形式，老子认为，"静胜躁"，即潜移渐进的变化胜过剧烈急进的运动。"清静为天下正"，换言之，即躁进不可为天下正。

对于"柔弱胜刚强"，鹖子也有很好的解释，《列子·黄帝篇》引粥子（即鹖子）曰："欲刚，必以柔守之；欲强，必以弱保之。积于柔必刚，积于弱必强。观其所积，以知祸福之乡。强胜不若己，至于若己者刚，柔胜出于己者，其力不可量。"（后一"刚"字，高诱注："必有折也。"按，犹言硬碰硬。《淮南子·原道篇》作"而同"，即相当之意。）这里的关键在于"积"，通过积的过程，使强弱双方发生变化。老子说："孰能浊以静之而徐清？孰能安以动之而徐生？"（十五）话虽用提问的语气，意思却是肯定的。这里关键的词是"徐"，意即通过慢慢的变化，"浊"的可以慢慢地清，"安"的可以慢慢地生。

通过以上分析，可知"反者道之动，弱者道之用"，是一个整体，是老子对事物运动的认识，即"反"是道的运动规律，它以"弱"的方式发挥作用。老子并没有把和动相对的静绝对化，更没有否定动的永恒性。恰好相反，他倒是认定纵向的"有无相生"，横向的矛盾转化，是必然的，它以一种"弱"的方式，亦即"静"的方式、潜移渐进的方式，永恒不息地进行着。

老子把他认识的宇宙自然的运动形式归纳为"反者道之动，弱者道之用"。他强调"静"即潜移渐进的运动形式，而否定剧烈激进的运动形式。他认为宇宙的变化是"静"的，潜移渐进的，因此认为社会的变化也应该是如此。"天下之至柔，驰骋天下之至坚。无有入无间，吾是以知无为之有益。不言之教，无为之益，天下希及之。"（四十三）前二句说的是"道"亦即宇宙自然的规律，最柔弱的"道"，可以"驰骋"最坚强的天地万物。中二句是说"道"通过"无为"（亦即"静"的变化）发挥作用。后二句说明为政也应"不言""无为"。本章的逻辑推理和第二章完全相同，即把他从宇宙认识中得到的普遍规律，用之于社会政治。老子尊崇"静"的运动方式，否定"躁"的运动方式。他认识的宇宙自然如此，主张统治者的政治措施也应如此。不管人们同不同意老子的理论，但他要统治者对人民"无狎其所居，无厌其所生"的主张总还是应该肯定，值得赞扬的。

（六）老子和庄子

在结束这篇论文之前，须要谈谈老子和庄子思想的关系。

庄子是老子的主要继承者。《史记》庄子传，谓庄子"其学无所不窥，然其要本归于老子之言"。虽然庄子汪洋恣肆、诡谲莫测的文章，对后世有着极大的影响，但他也未能掩盖老子，故两者在历史上并称"老庄"。庄子接受了老子"道"为宇宙本原的学说，并作了大量的发挥，前面引了《大宗师》中关于"道"的一段描述，它的基本精神是和老子一致的，但庄子和老子也有很大的不同。老子把他的"道常无为而无不为"的哲理，引向社会政治，发展为"处无为之事，行不言之教，万物作焉而不辞，生而不有，为而不恃，功成而弗居"的政治学说。庄子却将"道生万物，万物又复归于无"的理论，演绎成为齐同万物泯灭是非的人生哲学。如果略微具体一点，老子和庄子至少在下述几个重要的方面是不同的：

第一，老子与庄子虽然都认为"道"是世界的本原，天地万物皆原于道，因之天地万物都有发生发展灭亡的过程，而道是永存的。但老子并不否定天地万物在由生到死这个过程中存在的现实意义。庄子则认为，既然天地万物都是道的体现，因此天地万物包括人在内的存在都是虚幻的，没有意义的，所以他主张泯灭是非，齐同物论，一生死，同梦觉；"天地与我并生，万物与我为一"，反正都是一笼统；是庄周梦为蝴蝶，还是蝴蝶梦为庄周，都弄不清楚。这与老子是绝然不同的。《列子·周穆王篇》记尹文之言曰："昔老聃之徂西也，顾而告予曰：'有生之气，有形之状，尽幻也。造化之所始，阴阳之所变者，谓之生，谓之死；穷数达变，因形移易者，谓之化，谓之幻.'"这种虚幻的观念，是庄周的思想而非老子的认识，这个"老聃"是庄周的化身。

第二，老子按其"柔弱胜刚强"的法则来处理人生社会的一切问题，但他还是承认实实在在的人生，哪怕是主张"虚其心，实其腹；弱其志，强其骨"，也总还是一种生活，他还要求人民住进他那个"邻国相望，鸡犬之声相闻，民至老死不相往来"的幽静荒凉落后然而平安自在的"小国"去。庄子却受不了这样的束缚，他极力追求"无所待而游于无穷"的绝对的自由，而老子并没有那样的遐想。

第三，虽然老子和庄子都对他们生存的社会持批判的态度，都对统治者进行尖锐的抨击。但老子还是积极地提出了自己的政治方案，哪怕他的方案叫作"无为而无不为"，叫作"小国寡民"，是多么不现实，但毕竟是一种方案；庄子却完全采取消极的态度。老子不惜反复叮咛、教导天下侯王；庄子则认为和那些人打交道对他是一种污辱，宁可曳尾泥涂也绝不同当时的统治者合作。

第四，老子积极地对待人生。主张"甘其食，美其服，安其居，乐其俗"；反对"生生之厚"，教人们不要自处于"死地"。生活虽然要求很低，毕竟还是积极地看待人生。庄子对人生却是悲观的。他深感社会的危恶，人生的患累，因而等同生死。《齐物论》曰："予恶乎知说生之非惑邪！予恶乎知恶死之非弱丧而不知归者邪！""予恶乎知夫死者不悔其始之蕲生乎！"认为人悦生而恶死可能是一个错误。庄子还认为人本来是无生的，变而有生，又变而死，生死如"春秋冬夏四时行也"。因而既不用"悦生"，也无需"恶死"。表面看来，庄子何等地达观，骨子里其实是极端地悲观的。

第五，庄子"以天下为沉浊，不可与庄语"，所以嬉笑怒骂，冷嘲热讽，造作迷离曼衍之辞。老子完全不然，尽管他也感叹天下"荒兮其未央"，但他的话句句是"庄语"，没有任何"谬悠之说，荒唐之言，无端崖之辞"。老子的圣人希望"后其身而身先，外其身而身存；以其无私，故能成其私"。庄子的圣人对此不屑一顾,他要"乘天地之正而御六气之辩",无所凭依而磅礴于无垠的世界。老子的思想虽深入无穷的宇宙,他自身却仍然在现实的土地上踽踽独行,庄子却灰心绝望地站在虚无缥缈的空中。

一九九〇年二月二十八日于黄石长梦潇湘夜雨楼
二〇一九年九月二十五日修订

上篇

一　章

道可道，非常道；名可名，非常名①。

无，名天地之始；有，名万物之母②。

故常无，欲以观其妙；常有，欲以观其徼③。

此两者同出而异名，同谓之玄，玄之又玄，众妙之门④。

①第一个"道"，泛指一般的道，先秦诸子都称自己的学说或主张为道。"可道"之"道"，言道。"常道"之"道"，老子的哲学范畴，是先于宇宙的永恒存在，亦即宇宙万物的本原；它无所不在，永世长存，却无法感知。常，恒也，《长沙马王堆汉墓帛书老子》即作"恒"，今本作"常"者，汉人避汉文帝刘恒讳改。宋李嘉谋《道德真经义解》："常者，不变之谓，物有变而道无变。"常道，犹言无上的道，永恒的道。"常名"的"名"，指道其名。二句谓，道，可以具体言道者，就不是那永恒的道。名，可以具体指称者，就不是那无上的名（即道）。

②"无"与"有"是老子哲学的一对范畴。道，不可言道，无以名之，老子称之为"无"。由无衍化产生有形的实体，老子称之为"有"。句中"天地""万物"互文。始，始原。母，根本。"始""母"实同义。自汉严遵魏王弼以来，都以"无名"、"有名"断句，宋王安石乃以"无""有"为逗。王氏之言曰："无，所以名天地之始；有，所以名其终，故曰万物之母。"（见容庚《王安石老子注辑本》）王说甚是。四十章云："天地万物生于有，有生于无。"二章云："有无相生。"并"有"、"无"相对。又，"无""有"都是哲学概念，是名词；断作"无名""有名"，"无"与"有"都成了表存在的动词，其误甚明。

③常无,永恒的"无"。欲,犹"将"也。妙,王弼注,"微之极也"。常有,无上的"有"。徼,王弼注,"归终也",陆德明《经典释文》,"边也"。二句谓,从常无中,将以观道之微妙;从常有中,将以观道之终极。王安石曰:"道之本出于无,故常无所以观其妙。道之用归于有,故常有所以观其终。"

④两者,谓"无"与"有"。同出,同出于道。异名,即"无"与"有"。玄,深微。众妙之门,犹言大妙之门,极妙之门。

★(一)首章开宗明义,即提出"道"这一范畴。

"道"的本义是道路。《说文·辵部》:"道,所行道也。"引而申之,凡人们的方法、原则、主张、信仰、学说、原则,都可称之为道。故先秦诸子都称自己的学说为"道"。但在老子哲学中,"道"被赋予了特定的内涵。老子明确指出,通常可以言道的道不是他所说的"道"。老子借用"道"这个词,作为他的特定的哲学范畴,"道"乃成为老子哲学的核心。

老子认为宇宙中有一种客观存在,它视之不见,听之不闻,搏之不得,无法感知,但是客观存在,老子把它称之为"道"。由于道无法感知,老子又称之为"无"。无形的道,能产生有形的物,这种最初的生成物,老子称之为"有"。所以用"无"来"名天地之始"(作为天地之始的名称);用"有"来"名万物之母"(作为能衍化为万物的最初生成物的名称)。——"道"是天地万物的原始,道即是无,无产生有,再衍化而为天地万物。(参见四章、十四章、二十一章、二十五章、四十章、四十二章注。)

(二)"无,名天地之始;有,名万物之母",一直到现在,仍有许多研究《老子》著作,将此二句断作"无名,天地之始;有名,万物之母"。许多引用者也沿袭其误。这是读者应该注意的。

本章用韵:道道(幽部,叠字为韵) 名名(耕部) 始母(之部。母,满以反) 妙徼(宵部) 玄门(玄,胡均反,真部;门,文部)

《老子》书为韵文,间用散句,是一部特殊的哲学诗。关于古韵,详见后附《古韵分部说明》。

二 章

天下皆知美之为美，斯恶已；皆知善之为善，斯不善已①。

故有无相生，难易相成，长短相形，高下相倾，音声相和，前后相随②。

是以圣人处无为之事，行不言之教③；万物作焉而不辞，生而不有，为而不恃，功成而弗居④。夫唯弗居，是以不去⑤。

① 斯，即也，此处犹言即有。恶，丑。已，通"矣"。不善，恶也。美与丑，善与恶，相对待而存在。明陈懿典《老子道德经精解》："但知美之为美，便有不美者在。"天下人都认识到美之所以为美，那是因为有丑；都认识到善之所以为善，那是因为有恶。如人们生活在幸福中并不一定感到幸福，一旦陷入祸殃才理解什么是幸福。鱼游于水中并不觉得多么自由，一旦脱离了水，才会感到水中自由之可贵。

② 老子认为"天下万物生于有，有生于无"；又认为"夫物芸芸，各复归其根"（十六章）。"复归于无物"（十四章），即天地万物变化发展，最终又归于无。无又生有，有归于无，周而复始，至于无穷，故曰"有无相生"。难与易相对形成，故曰"难易相成"。长与短相对显现，故曰"长短相形"。（相形，王弼本作"相较"，此从河上公《老子道德经》、唐傅奕《道德经古本篇》、《唐景龙二年易州龙兴观道德经碑》即《景龙碑》。"形"与"生、成、倾"叶韵。）倾，向也。高与下相对存在，故曰"高下相倾"。音声，《毛诗序》"声成文谓之音"，郑玄笺："声，谓宫商角徵羽也；声成文者，宫商上下相应。"孔颖达疏："此言声成文谓之

音,则声与音别。《乐记》注:'杂比曰音,单出曰声。'对文则别,散则可以通。"可知声,指宫商角徵羽每个单一的音;音,指宫商等协调的音节。二者散言则相通,对言则别。音声协调才成为音乐,故曰"音声相和"。随,从也。有前才有后,有后才有前,故曰"前后相随"。以上排列六对矛盾,皆彼此对立,又彼此依存。

③圣人,老子书中"圣人"有两义,一指有道的统治者,一指有道之士,并道之体现者。此指前者。无为,任其自然,不强施外力。不言,即"无为"在教中的体现。

④作,起也,指自然发生。辞,籀文作嗣,司也,主也,主宰。有,占有。恃,读如《庄子·应帝王》"化贷万物而民弗恃"之恃,恃以为德也。河上公《老子道德经》注:"道所为不恃望其报。"四句谓,万物兴起而(圣人)不主宰,万物生成而(圣人)不占有,万物自为而(圣人)不恃以为德,(自然)功成而(圣人)不居功。《庄子·庚桑楚》记庚桑楚得老聃之道,居畏垒之山,三年而畏垒大穰,民欲尸祝而社稷之,庚桑楚不释,曰:"春气发而百草生,正得秋而万宝成,夫春与秋岂无得而然哉?天道已行矣!"庚桑子之"春气发而百草生,正得秋而万宝成",犹老子之"万物作焉",万物生焉。(但并不相等,老子内涵更为丰富。)"天道已行矣",犹老子之自然"功成"。惟其天道自然,故庚桑子不自以为功。庚桑子"偏得老子之道",他这段话符合老子之意。五十一章"生而不有,为而不恃,长而不宰,是谓玄德",与此相应。

⑤夫唯,老子书中常用关联词,犹言"由于,正因为"。由于圣人不居功,其功也不去。

★(一)高亨《老子正诂》认为,本章此前八句为老子之相对论,此后八句为老子之政治论,文章截然不相联。故分为两章。

按,高说非是。

老子认为,天下皆知美之所以为美,一定是有了丑;天下皆知善之所以为善,一定是有了恶。同样的道理,一切对立的事物,有此即有彼,有彼即有此,彼此

— 二 章 —

互相对立,又互相依存;不断连锁发展,如此矛盾丛生,是非蜂起,天下乃不得安宁。而太上之世,人民淳朴;没有不美,也无所谓美,没有不善,也无所谓善。因此老子主张,人间世仍应归真返朴,故圣人之治,必须"无为",处无为之事,行不言之教,使百姓无所感觉,任其自然,在美而不知其美,处善而不觉其善;无矛无盾,无是无非,如《庄子·大宗师》所谓"鱼相忘于江湖,人相忘于道术","与其誉尧而非桀,不如两忘而化其道"。一部《老子》的宗旨,一言以蔽之,曰:任其自然。本章实概括了老子任其自然,"无为而无不为"哲学的基本内涵。本章前段陈列客观的现实,后段说明"圣人"的主观应对,前后两段紧密相关;将两段截然分开,则违背老子的原意。

(二)"万物作焉而不辞,生而不有,为而不恃",高亨《老子正诂》曰:"谓圣人作万物而不辞,生万物而不有,为万物而不恃。"按,高说甚误。依高氏说,圣人作万物,圣人生万物,则是圣人大大"有为",与"圣人处无为之事"正好相反。解见注④。

本章用韵:生成形倾(耕部) 和随(歌部。随,徐禾反) 事辞辞有恃(事教有恃,之部;教,宵部) 居去(鱼部)

三　章

不尚贤，使民不争；不贵难得之货，使民不为盗；不见可欲，使民心不乱①。

是以圣人之治，虚其心，实其腹；弱其志，强其骨。常使民无知无欲，使夫智者不敢为也②。

为无为，则无不治③。

① 尚贤，尊尚贤能。贵，以为贵，重视。货，《说文》，"财也"。难得之货，稀有之物，贵重物品。也用以专指钱。三句谓，不尊尚贤能，使人不争名位；不珍视钱财，使人不为盗贼；不看可能引起欲念的事物，使人思想不致惑乱。

② "是以圣人之治"七句谓，因此圣人治理天下，要使人民头脑空虚，肚子塞饱；削弱他们的意志，强健他们的筋骨；永远使他们无知无欲，这样使那些巧智之士也不敢有所为。

③ "为无为"二句谓，要为的事就是"无为"，则没有治理不好的。此句即三十七章、三十八章、四十八章"无为而无不为"之义。

★本章承前章而来，阐扬其无为之治，具体提出"不尚贤"、"不贵难得之货"、"不见可欲"，以使民没有争心，不争名位，不争财货，思想也不惑乱。《庄子·庚桑楚》中，庚桑楚之弟子谓庚桑楚曰："尊贤授能，先善与利，自古尧舜以然。"庚桑楚大不以为然，曰："举贤则民相轧，任知则民相盗，之数物者，不足以厚民。民之于利甚勤，子有杀父，臣有杀君，正昼为盗，日中穴阫。吾语女，

三 章

大乱之本,必生于尧舜之间,其末存乎千世之后;千世之后,其必有人与人相食者也。"庚桑楚即发挥本章之旨。

按老子之意,以为民有争心,则生祸乱,惟使人无知无欲,巧智不生,则复归淳朴。然物竞天择,生物自然,社会发展,争斗不可避免。认为"无为"即可以不争,是不可能的;而归淳返朴,纯系哲人的幻想。而且真要使人民"虚其心,实其腹;弱其志,强其骨。常使民无知无欲",就成为十足的愚民政治,亦即穷民政治。这是老子政治论中荒谬的部分,既违背社会的前进规律,也违反人的正常发展。即使哲人也未免偏颇,强调归于纯朴,发展到愚民主张,老子本意如此,不必为老子讳也。

本章用韵:腹骨欲(腹,觉部;骨,物部;欲,屋部。高本汉《老子韵考》、陈柱《老子集训》并以此三字为韵)

四 章

道冲,而用之或不盈①。

渊兮似万物之宗,(挫其锐,解其纷,和其光,同其尘。)湛兮似或存②。

吾不知谁之子,象帝之先③。

①冲,通"盅",傅奕《道德经古本篇》即作"盅"。《说文》:"盅,器虚也。"引老子"道盅而用之"。此取其虚义。或,河上公《老子道德经》注,"常也"。(《易·恒》"或承之羞"释文:"或,常也。")《景龙碑》作"久",久亦可训常,犹言永远。盈,满也。至满则尽,故又有尽义。或不盈,永远不尽。二句谓,道虚,而其用永远没有穷尽。六章谓道"绵绵若存,用之不勤"、四十五章"大盈若冲,其用不穷",均与此同。

②渊,深貌。宗,祖也,总聚也。湛(zhàn),深黯不可见之貌。二句谓,道渊深似万物的总归,深黯不可见而实永存。——"挫其锐,解其纷,和其光,同其尘"四句又见五十六章。王弼此四句本章无注,而五十六章有注,是王弼本原亦五十六章文也。解见该章。

③象,义同《易·系辞》"在天成象"之象,具象,显象。帝,天帝,此即天地之代称。二句谓,道,吾不知何以产生,然显现在天地之先。二十五章"有物混成,先天地生",亦即此意。

★此章论道之本质,虚如无有,而实存在,先天地生,而用之永远不会穷尽。

本章用韵:冲宗(冬部) 存先(文部。先,思殷切)

五 章

天地不仁,以万物为刍狗;圣人不仁,以百姓为刍狗[①]。

天地之间,其犹橐籥乎[②]:虚而不屈,动而愈出[③]。

多言数穷,不如守中[④]。

①仁,仁爱。不仁,犹不爱,无情。刍狗,束草为狗,为巫祝祭祀用物,用后即弃。《庄子·天运》:"夫刍狗之未陈也,盛以箧衍,巾以文绣,尸祝斋戒以将之。及其已陈也,行者践其首脊,苏者取而爨之而已。"刍狗是人所作祭祀用物,用后即弃,并不爱惜。天地养育万物,圣人治理百姓,亦是如此,"作焉而不辞,生而不有,为而不恃",并无情爱。元吴澄《道德真经注》:"刍狗,缚草为之形,祷雨所用也。既祷则弃之,无复有顾惜之意。天地无心于爱物,而任其自生自成;圣人无心于爱民,而任其自作自息,故以刍狗为喻。"

②橐籥(tuò yuè),冶炼用以鼓风吹火的装置,犹后世的风箱。橐是箱的外壳,籥是里面送风的管子。吴澄云:"橐籥,冶铸所以嘘风炽火之器也。为函以周罩于外者,橐也;为辖以鼓扇于内者,籥也。天地间犹橐籥者,橐象太虚,包含周遍之体;籥象元气,氤氲流行之用。"

③虚,空。屈,竭也。天地如大风箱,里面是空的而空气无穷无尽,不断运动,空气就不断送出。比喻天地之间,元气运流,永无穷尽。亦以喻虚无以生万物,运行无所底止。

④数,术也,技也,谋略也。穷,困也,尽也。中,《管子·度地》"环则中,中则涵",集校引张佩纶云:"借中为冲。"古"中""冲"通用。"守中"之中,通

冲。冲，虚也，静也。守中，犹守虚，守静。言，包括议论筹谋。二句《长沙马王堆汉墓帛书老子》作"多闻数穷，不若守于中"。多所闻亦即多知。多所闻知，则计画困穷，于义亦通。

★（一）"天地不仁"四句，谓天地圣人，于人于物，任其自然，并无仁爱。河上公《老子道德经》注："天施地化，不以仁恩，任自然也。"宋苏辙《老子解》："天地无私，而听万物之自然。故万物自生自死，死非吾虐之，生非吾仁之也。"——老子所谓"不仁"，是任其自然，并无贬义，不能用儒家观念去理解——"天地之间"四句，谓天地虚空，运行以生万物，永远没有穷尽。后两句谓人亦当取法自然，无需多所言议，应笃虚守静，任其自然而已。

（二）"多言数穷，不如守中"之"中"，旧注多谓义同《论语·尧曰》"允执厥中"之中，正道也。不如训"冲"更确。罗运贤《老子馀义》、朱谦之《老子校释》释为"契"。如罗云："中亦契也。为政不在多言，但司法契以辅天下。"高亨《老子正诂》解为"簿书"，言"老子盖谓有国者守其图籍而已，不必多教命也"。引证甚繁，实与老子原意恰好相反。法契簿书亦属"多言数穷"之列，正老子所反对。数，吴澄《道德真经注》、马叙伦《老子覈诂》、蒋锡昌《老子校诂》均训为"速"，不如训"术"为确。

本章用韵：屈曲（物部） 数守（数，侯部；守，幽部。此两句中韵上韵）穷中（冬部）

六　章

谷神不死，是谓玄牝①。玄牝之门，是谓天地根②。绵绵若存，用之不勤③。

①谷神，道之别名。谷，豁谷也。豁谷空虚，故虚无之道，别名谷神。《列子·黄帝篇》引此章张湛注："至虚无物，故谓谷神；本自无生，故曰不死。"严复《老子道德经评点》："以其虚，故曰谷；以其因应无穷，故称神。以其不屈愈出，故曰不死。"玄，幽远。牝，《说文》，"畜母也"。凡雌皆可谓牝。玄牝，幽深莫测之母。

②玄牝之门，即玄牝。明薛蕙《老子集解》："老子书其遣词多变文以叶韵，非取谊于一字之间也。如'是谓玄牝'，则读牝为匕，以叶上句。曰'玄牝之门'则特衍其词与下句相叶。"根，本也。道生万物，举"天地"则概万物。二句谓，道为天地万物之根本。宋苏辙《老子解》："玄牝之门，言万物自是出也。天地根，言天地自是生也。"

③绵绵，犹缗缗，无形之貌。"绵绵若存"，与四章"湛兮似或存"同义。王弼注："欲言有邪，不见其形；欲言无邪，万物以生。故曰绵绵若存。"勤，尽也。道生万物，其用永无穷尽。

★（一）此章谓道为天地万物之本根。道生万物，用之不穷，此与上章"虚而不屈，动而愈出"，义实相通。苏辙《老子解》云："谓之谷神，言其德也。谓之玄牝，言其功也。牝生万物而谓之玄焉，言见其生而不见其所以生也。"解说可谓的当。

（二）谷神，河上公注："谷，养也。"不如训虚为当。俞樾《诸子平议》、高亨《老子正诂》以"谷"借作"穀"，再借作"毂"，生也。如此递进假借，故作烦苛，远不如张、严说确切。清代训诂学家认识到古籍中常有通假字，用以解释了许多疑难语句，成绩巨大。但滥用通假，反而造成误解者亦复不少。凡属用幾重递进假借来解释词语者总是错误的，因如此递进假借，违反用字常情。

（三）《列子·天瑞篇》引此章称为《黄帝书》。

本章用韵：死牝（脂部。牝音匕。《文中子·自然篇》"非牡非牝，生而不死"，亦死牝叶韵） 门根存勤（文部）

七 章

天长地久。天地所以能长且久者,以其不自生,故能长生①。
是以圣人后其身而身先,外其身而身存②。以其无私,故能成其私③。

① 不自生,释德清《老子道德经解》云:"以其不自私其生。"王弼注:"自生则与物争,不自生则物归也。"可知所谓不自生,即不求自身之生;反之,自生则只求自身之生。释德清所释,即由王弼注启发得来,两者理解一致。

② 后其身,把自己置于他人之后。河上公《老子道德经》注:"后其身者,先人而后己者也,天下敬之先以为长。"释德清注:"不私其身以先人,故人乐推而不厌。"外其身,置自身于度外。

③ 以其无私,王本作"非以其无私邪",此从河上公《老子道德经》。"以其无私,故能成其私",犹言正因为圣人不私自我,故反而能成全自我。

★本章论统治者应取的态度。天地不自私其身,故能长久。故"圣人"即有道的统治者应该俭约谦下,不高居于人民群众之上,要置自身于度外,乃能为天下先。三十九章云:"故贵以贱为本,高以下为基,是以王侯自谓孤寡不榖。"六十六章云:"江海所以为百谷王者,以其善下之。是以欲上民必以言下之,欲先民必以身后之。"六十七章云:"我有三宝,持而保之:一曰慈,二曰俭,三曰不敢为天下先。"皆与此章内涵一致,诸章合读,理解更为深刻。

本章用韵:生生(耕部,叠字为韵) 先存(文部) 私私(脂部,叠字为韵)

八　章

上善若水，水善利万物而不争①，处众人之所恶，故几于道②。

居善地③，心善渊④，与善仁⑤，言善信⑥，正善治⑦，事善能⑧，动善时⑨。

夫唯不争，故无尤⑩。

①上善若水，河上公《老子道德经》注："上善之人，如水之性。"世间万物，靠水乃能生存，故曰"水善利万物"。《管子·水地篇》："水者，何也？万物之本源也，诸生之宗室也。"该书作者的认识或即原于老子。

②人恶处卑下之地，而水处卑下，故曰"处众人之所恶"。几（幾），近也。明李贽《老子解》："利物之谓善，凡利物者或不能无争，不争者又未必能泽于物也。水固善利万物而不争者也。何以见其不争也？众人处上，彼独处下；众人处高，彼独处低；众人处易，彼独处险；众人处顺，彼独处逆；众人处洁，彼独处秽，所处尽众人之所恶，夫谁与之争夫？不争故无尤，此所以为上善也。"

③地，下也。《荀子·儒效》："至下谓之地。"又，《礼论》："地，下之极也。"善地，即善处于下。六十六章："江海所以能为百谷王者，以其善下之。"居善地，处身要像水那样安于卑下。

④渊，深也，引申为沉静之意。《庄子·应帝王》"流水之潘为渊"，郭象注："渊，静默之谓耳。"《文选·左思〈魏都赋〉》"迥时势而渊默"，吕向注："渊默，谓沉静也。"心善渊，谓心地要像水那样沉静。

⑤与善仁，与人相与要像水那样相亲。

— 八 章 —

⑥ 言善信，言语要像水那样诚信。

⑦ 正，通"政"。景龙碑等古本即作"政"。治，理也。正善治，为政要像水那样条理。楼宇烈校释："《道藏取善集》于'正善治'下引王弼注：'为政之善，无秽无偏，如水之治，至清至平。'"今本《王弼集》无此注。注以"至清至平"解释"治"，甚为有见。

⑧ 能，力也。事善能。处事要像水那样有力。七十八章："天下莫柔弱于水，而攻坚强者莫之能胜，其无以易之。"

⑨ 动善时，行动要像水那样及时。——张松如《老子校读》："（居善地）七句，都是水德的写状，又是实指上善之人，亦即通过水的形象表现圣人乃是道的体现者。"

⑩ 尤，咎怨，罪责。末二句仍以水为喻，因为像水一样与物无争，故不招怨咎。

★本章以水为喻，以水为道之本性的象征。水与物无争，安于卑下，故近于道。"居善地"七句皆写水之德性，亦言上善之人应如水德；为其不争，故无尤怨。儒道都对水进行赞美。子在川上曰："逝者如斯夫，不舍昼夜！"孟子曰："原泉混混，不舍昼夜，盈科而后进，放乎四海，有本者如此。"孔孟从水的动中表现的态势，感悟到积极奋进的精神；老子从水的静中蕴涵的力量，领会到"柔弱胜刚强"的哲理。

本章用韵：渊信（真部。渊，一均反。信，读平声） 治能尤（之部。能，奴其反。尤，音怡）

九 章

持而盈之，不如其已①；揣而梲之，不可长保②。
金玉满堂，莫之能守③。富贵而骄，自遗其咎④。
功遂身退，天之道〔哉〕⑤。

① 持，义同《诗·周颂·臣工》"序乃钱镈"之序，储藏。又，《国语·越语》"有持盈"，韦昭注："持，守也。盈，满也。"已，止也，去也（弃去）。此以储藏为喻，与其储藏丰满，不如不要占有。因储藏丰满，可能招致祸殃；而一无所有，则无从招祸。二章"不贵难得之货，使人不为盗"、四十四章"多藏必厚亡"，均与此可互为注释。

② 揣，锤炼。清孙诒让《札迻》谓揣字当读为捶。孙氏之言曰："《淮南子·道应》云'大司马捶钩者'，高注云：'捶，锻击也。'《说文》手部云：'揣，量也；一曰捶之。'盖揣与捶，声转字通也。"梲，通"锐"，锐利。河上公《老子道德经》即作"锐"。此以刀剑为喻，锤炼过于锐利，则易于缺折，不可常保锋芒。

③ 堂，唐陆德明《经典释文》："本或作室。""金玉满堂，莫之能守"，亦多藏必厚亡之意。

④ 遗，招致。咎，灾祸。富贵而又骄傲，是自招灾祸。

⑤ 遂，成也。《释文》："遂，本又作成。"《景龙碑》与《文子·上德篇》《淮南子·道应》并引作"功成名遂身退"。老子所谓"功成"，任其自然以成其功也，老子不尚名，故应以"功遂身退"为是。十七章云，"功成事遂，百姓皆谓

— 九 章 —

我自然",意思略同。"载"字原属下章。《楚辞·远游》"载营魄而登霞兮",王逸注:"抱我灵魂而上升也。"是汉人读《老子》"载"字已属下章。宋郭忠恕《佩觿》卷上"《老子》上卷改载为哉"注:"唐玄宗诏:联钦承圣训,覃思玄宗,顷改《道德经》'载'为'哉',仍属上文。"唐玄宗以"载"属上章,极为有见。然改"载"为"哉"则未为当,字不应改。"哉"为语助词;"载"之为言在也,为实词。王弼注:"载,犹处也。"义亦相通。二句谓功成身退,天道所在。天道也者,自然之道。

★(一)本章所论,要在守其柔弱,戒其强梁,与七十六章"兵强则不胜,木强则兵"、四十四章"甚爱必大费,多藏必厚亡"同一旨意。

(二)功成身退的思想对后世影响甚大。左思《咏史》"功成不受爵,长揖归田庐"、李白《留别王司马嵩》"愿一佐明主,功成还旧林",都是这种思想的表现。功成身退,成为历史上知识分子追慕的人生理想。然老子的哲学,所谓"功成"者,清静无为,任其自然以成其功也;所谓"身退"者,"生而不有,为而不恃,功成而弗居"也,与后世所理解的"功成而身退"的内涵并不相同。

本章用韵:已保守咎道(已,之部;保守咎道,幽部;道,首部) 退载(退,物部;载,之部)

十　章

（载）营魄抱一，能无离乎①？

专气致柔，能婴儿乎②？

涤除玄览，能无疵乎③？

爱民治国，能无为乎④？

天门开阖，能为雌乎⑤？

明白四达，能无知乎⑥？

（生之畜之，生而不有，为而不恃，长而不宰，是谓玄德。）⑦

① 营魄，河上公注："营魄，魂魄也。"《说文》："魂，阳气也。""魄，阴神也。"《淮南子·说山》"魄问于魂"，高诱注："魄，人阴神也；魂，人阳神也。"《楚辞·大招》"魂魄归来"，王逸注："魂者，阳之精也；魄者，阴之形也。言人体含阴阳之气，失之则死，得之则生。"精与形合，即为整个生命。抱，守也。一，道也。抱一，即守道。老子以阳精阴形，守道合一，乃有生命。王逸《大招》注正可移用注此二句。然老子以魂魄为自然存在之物，虽有神秘性质，但与《招魂》《大招》之为迷信有别。

② 专，义同《淮南子·精神》"夫血气能专于五脏"之专，高诱注："专，一也。"犹言集中，结聚。老子贵柔，他把物质的柔软同品性的柔顺联在一起，婴儿筋柔骨嫩，无知无识。老子认为人的修养能达到婴儿一样柔顺淳真，乃是极高境界。故曰结聚元气，达到"柔"的境地，能如婴儿乎？五十五章"含德之厚，比于赤子"，可以互参。

― 十 章 ―

③ 涤除，洗涤清除。玄览，《长沙马王堆汉墓帛书老子》乙本作"玄监"，是"览"通"监"。《庄子·天道》："圣人之心静乎！天地之鉴也，万物之镜也。"《淮南子·修务》："执玄鉴之心，照物明白。"张松如《老子校读》释为"玄妙的心镜"，简明通畅。疵，疵病。

④ 无为，王本作"无知"，此从《景龙碑》。无为是老子的政治主张，他认为无为而治，任其自然，就是对民的爱护，国家亦从而得到治理。王安石曰："爱民者，以不爱爱之乃长。治国者，以不治治之乃长。惟其不爱而爱，不治而治，故曰无为。"（见容庚《王安石老子注辑本》）王氏得老子之旨。

⑤ 天门，河上公注："天门谓鼻孔。"高亨引而申之，谓指耳目口鼻，引《庄子·天运》："其心以为不然者，天门弗开矣。"是天门为感觉器官。为雌，王本作"无雌"，涉上下句例而误，《景龙碑》、古逸丛书本、道藏本、长沙马王堆汉墓帛书乙本并作"为雌"。王弼注："言天门开，能为雌乎？"是王本原亦作"为雌"。老子贵雌柔，感官开阖，接触外界，则见多识广，然仍不欲雄强，强调守其雌柔，故曰"能为雌乎？"二十八章"知其雄，守其雌"，亦即此意。

⑥ 无知，王本作"无为"，此从《景龙碑》。明白四达则知，老子认为虽明白四达而仍若无知，故曰"能无知乎？"七十一章"知不知，上"，即为此意。

⑦ "生之畜之"以下五句又见五十一章而略异，按上下文义，应属该章。

★本章老子提出：精与形合，要守道抱一，永不分离；结聚精气，以致柔顺，要像婴儿那样纯真；清洗玄妙的心镜，要没有任何瑕疵；爱民治国，要自然无为；感官和外界相接，要为雌守静；明白通达，仍要以无知为知。全章皆由反诘句组成，表现老子雌柔守静、无知无为的修养态度与政治理念。

本章用韵：离儿疵为雌知（离为，歌部；儿疵雌知，支部。《庄子·马蹄》"同乎无知，其德不离"、《在宥》"彼若知之，乃是离之"、《楚辞·九歌·少司命》"悲莫悲兮生别离，乐莫乐兮新相知"，并"离知"叶韵）

十一章

三十辐共一毂,当其无有,车之用①。
埏埴以为器,当其无有,器之用②。
凿户牖以为室,当其无有,室之用③。
故有之以为利,无之以为用④。

① 辐,车轮的辐条。共,义同《论语·为政》"譬如北辰,居其所而众星共之"之共,同"拱",环绕支撑。毂,车轮中心的圆木,周围与辐条相接,中空承受车轴。当其无有,《助字辨略》:"当,应也,合也。"无,指车轮空处;有,指辐毂实体。"当其无有"即空与实相对应,两者配合。之,乃也;全章"之"字并训"乃"。句意谓三十根辐条拱着车毂构成车轮,空与实相互配合,车乃得其用。《周礼·考工记》"毂也者,以为利转也",郑氏注:"利转者,毂以有无为用也。"注文即用老子之义,谓毂之所以利转,有无相对为用也。

② 埏(shān),以水和土。埴(zhǐ),粘土。埏埴,本指以水和粘土,此处即和土制陶。器,指陶器。《荀子·性恶》:"陶人埏埴以为器。"句中无,指器的空处。有,指器的实体。句意谓和土制造陶器,空与实相互配合,器乃得其用。

③ 户,门。牖,窗。句中无,指室的空处;有,指室的实体。句意谓凿门窗为室,空与实相互配合,室乃得其用。

④ 利,便也。《国语·鲁语下》"唯子所利",韦昭注:"利,犹便也。"《荀子·王制》"尚完利",杨倞注:"利,谓便于用,若车之利转之类也。""有之以为利,无之以为用",谓"有"(实体之物)提供了条件,"无"(虚空之处)乃得以使用。前举车、器、室三例,后以"有""无"相对为用作结。

十一章

★本章论"有"与"无"亦即实与虚相对为用，颇具卓见。——古代注家多以"当其无"断句，遂使全章旨意晦而不明。清毕沅《老子道德经考异》以"当其无有"为句，此章之旨才豁然得解。

需要说明的是："之，乃也"，义同《孟子·万章》"今而后知君之犬马畜伋"之"之"，乃也。吴昌莹《经词衍释》："之，乃也。《论语》'不图为乐之至于斯也'，《孟子》'臣固知王之不忍也'，《诗》'今民之无禄'，此皆'之'之同'乃'。"

然杨树达《老子古义》仍谓"'无有'为句，'车之用'句不完全"。盖杨氏以"之"为常义，不训为"乃"，故认为句不完全。时至今日，仍有不少注家以"当其无"为句，因而对章义作有悖原意的批判。任继愈先生的批判可以作为代表。任氏在其《老子新译》本章提要中说："老子把有和无的关系完全弄颠倒了。老子只看到房屋住人的地方是空虚的部分，器皿盛水的地方是空虚的部分，车轮转动的部位全靠车轮中间空洞的地方。由此，老子认为对一切事物，起决定作用的是'无'，而不是'有'。老子忘记了，如果没有车子的辐和毂，没有陶土、没有房子的砖瓦墙壁这些具体的'有'，那些空虚的部分又从哪里来？又怎能有车、器、房子的用处？老子把'无'作为第一性的东西，把'有'看作第二性的，因而是错的。"——这种批判最没有道理，好像老子连车子、器皿、房屋这些具体的实物都看不见，却看到那些空处。这违反常情。如果他连这些实体都看不见，空虚之处又怎能看见呢？"三十辐共一毂"，"埏埴以为器"，"凿户牖以为室"，老子说得明明白白，他怎么没有看到这些具体的"有"呢？正是有无相对，两者配合，才有"车之用"，有"器之用"，有"室之用"。结论就是"有之以为利，无之以为用"，即"有"与"无"相应为用。前用三个"当其无有"（即有无相对，两者配合）的事例，后用"有之""无之"作为总结；结构严谨。原文含义明白，并没有"认为对一切事物起决定作用的是无，而不是有"的意思，他何尝"把有和无的关系弄颠倒"呢？对原文尚未理解即进行批判，甚为不当。

本章用韵：辐毂（辐，职部；毂，屋部） 器室利（质部，对应句叶韵）

十二章

五色令人目盲，五音令人耳聋，五味令人口爽①，驰骋畋猎令人心发狂②，难得之货令人行妨③。

是以圣人为腹不为目，故去彼取此④。

①五色，青赤黄白黑，代指彩色。盲，眼病。五音，宫商角徵羽，代指音乐。聋，耳病。五味，甜酸苦辣咸，代指美味。爽，伤也，败也。《淮南子·精神》："五味乱口，使口爽伤。"爽伤连文，爽亦伤也。《广雅·释诂》："爽，败也。"此指口病。

②驰骋，纵横奔走。发狂，高亨《老子正诂》谓"发"字疑衍，"'心狂'二字，其意已足。此文'令人目盲，令人耳聋，令人口爽，令人心狂，令人行妨'。句法一律，增一'发'字，则失其句矣。盲为目疾，聋为耳疾，狂为心疾，故古书往往并言"。高说非是。五句并列，中间句法稍有参差，句子更为生动，并非"失其句矣"。

③难得之货，珍贵的财货。妨，《说文》，"害也"，行妨，即为害，指偷盗。三章"不贵难得之货，使民不为盗；不见可欲，使民心不乱"，与此意同。"五色"五句，加上动词，则含意更为明白：迷于五色令人目盲，溺于五音令人耳聋，耽于五味令人口爽，纵情畋猎令人心发狂，贪图难得之货令人行妨。

④为腹，只求安饱。不为目，不图别的享受。举目以概耳口心身。去彼，即不为目。取此，即为腹。王弼注："为腹者，以物养己；为目者，以物役己。"蒋锡昌《老子校诂》曰："老子以腹代表一种简单清静的生活，以目代表一种巧伪多

— 十二章 —

欲其结果竟至'目盲、耳聋、口爽、发狂、行妨'之生活。明乎此，则'为腹'即为无欲之生活，'不为目'，即不为多欲之生活。"

★（一）迷于五色，溺于五音，耽于五味，纵情田猎，贪图财货，诸如此类沉溺于物欲横流的生活，是奢靡腐朽的统治者之所追求，故老子激烈反对。统治者奢侈无度，纵欲横行，会使劳动人民更加痛苦。七十五章云："民之饥，以其上食税之多，是以饥。民之难治，以其上之有为，是以难治。民之轻死，以其上生生之厚，是以轻死。"与此章正可合读。

但是，物质文明的发展，是人类进步的成果，笼而统之地加以否定，如三章所云，"是以圣人之治，虚其心，实其腹；弱其志，强其骨，常使人无知无欲"，却又走向了另一极端。物质文明需要发展，而且必然发展，但不要为少数人所专擅，永远是政治思想家研究的课题。

（二）友人储庭焕曰："老子所说的五色令人目盲，五音令人耳聋，五味令人口爽，驰骋畋猎令人心发狂，难得之货令人行妨，都是暴虐统治者的生活行为，是老子对统治者奢靡纵欲的批判；一般下层民众连维持温饱都很艰难，哪会有'五色、五音、五味、驰骋畋猎'的享受，因此不应理解为老子对物质文明的否定。后面'是以圣人为腹不为目，故去彼取此'，疑为后人注语，实与前文精神实质有别。没有这两句，前文的批判精神更为显豁。"储君之说，别具只眼。

本章用韵：盲聋爽狂妨（盲爽狂妨，阳部；聋，冬部）腹目（觉部）

十三章

宠辱若惊，贵大患若身①。

何谓宠辱若惊？宠为上，辱为下，得之若惊，失之若惊，是谓宠辱若惊②。

何谓贵大患若身？吾所以有大患者，为吾有身；及吾无身，吾有何患③！

故贵以身为天下，若可寄天下；爱以身为天下，若可托天下④。

①宠，荣也。若，义同《尚书·秦誓》"日月逾迈，若弗员来"之若，乃也。全章"若"皆训乃。贵，极其重视。大患，即指宠与辱，二者皆大患。世人得宠得辱都为之惊骇。之所以如此看重宠辱，乃在于有身。前一句描述现象，后一句说明原因。

②"宠为上，辱为下"，王本作"宠为下"，夺"为上，辱"三字，此从《唐景福二年易州龙兴观道德经碑》即《景福碑》。老子认为，宠辱皆大患，并无区别。世人以宠为上，以辱为下，故无论宠辱，得之乃惊，失之乃惊。

③吾，虚拟之词，非老子自指。为，因，由于。及，若，如果。此段谓，我们所以重视宠辱，是由于我们心中只有自身；如果忘却自身，还有什么祸患呢。《庄子·逍遥游》谓"至人无己"可以作"及吾无身，吾有何患"最好的注释。佛家《法句经·譬喻第四卷》："天下之苦，莫过有身。"佛与道的哲学基础不同，谓"天下之苦，莫过有身"两句，倒刚好可以作为"贵大患若身""吾所以有大患者，为吾有身"的注脚。

— 十三章 —

④ 贵以身为天下，即不以身为自己。末二句谓，故贵以其身为天下而非为自己者乃可以寄天下，爱以其身为天下而非为自己者乃可以托天下，意即无以自身为重，无身则无患。与七章"是以圣人后其身而身先，外其身而身存。以其无私，故能成其私"，意思相近。

★（一）此章等齐宠辱，把二者都看成大患。认为世人之所以重视宠辱得失，就在于"有身"，如果"无身"，这种祸患就不存在。或问，"宠为上"，失之或惊，得之何以惊？"辱为下"，得之或惊，失之何以惊？此盖以常情度之，极其重视宠辱则非如此。突然得到荣宠，乃至惊诧莫名。范进得知自己确实中了举人，一时高兴都"欢喜疯了"。那是"得之若惊"的典型例证。垢辱忽然得免，也可能惊骇不已。

本章结构实甚严谨：首二句因果关系，"宠辱若惊"是果，"贵大患若身"，是因，二句为全章之纲。中段解释前二句。末段得出结论。注家多把"宠辱若惊"和"贵大患若身"割裂，不知宠辱即是大患，又多训"若"为"如"，因此无法从整体讲通全篇。

（二）"贵以身为天下，若可寄天下；爱以身为天下，若可托天下"，注家或把"贵以身为天下""爱以身为天下"解释为"爱重自身胜过天下"。任继愈先生将后四句翻译为"只有把天下看轻，把自己看重的人，才可以把天下的重任担当起来；只有把天下看轻，爱自己胜过爱天下的人，才可以把天下的重任交给他"。陈鼓应先生则把这四句翻译为"以贵身的态度去为天下，才可以把天下寄托给他；以爱身的态度去为天下，才可以把天下委托给他"。陈先生还明确地说："这一章老子强调'贵身'思想。老子认为一个理想的统治者，首要在于'贵身'。"如此理解，极其错误，不仅训诂失当，且与上文"吾所以有大患者，为吾有身；及吾无身，吾有何患"完全相反，也违背了老子的人生哲学。《吕氏春秋·不二》谓"阳生贵己"，"爱重自身胜过天下"只能是阳生亦即杨朱的思想，而不是老子之道。

本章用韵：惊身（惊，耕部；身，真部） 贵爱（物部，对应句首字叶韵）

十四章

视之不见名曰夷,听之不闻名曰希,搏之不得名曰微。

此三者不可致诘,故混而为一①。

其上不皦,其下不昧,绳绳不可名,复归于无物②。是谓无状之状,无象之象,是谓惚恍③。

迎之不见其首,随之不见其后④。执古之道,以御今之有⑤。能知古始,是谓道纪⑥。

① 夷,灭也,无象也。宋范应元《老子道德经古本集注》作"幾"。范引傅奕曰:"幾者,幽而无象也。"希,无声也。搏,击也,拍也,攫取也。微,无也,无形也。河上公注:"无色曰夷,无声曰希,无形曰微。"故曰"此三者不可致诘,故混而为一"。致诘,追究,推问。《淮南子·原道》:"是故揽之不见其形,听之不闻其声,循之不得其身;无形而有形生焉,无声而五音鸣焉,无味而五味形焉,无色而五色成焉。是故有生于无,实出于虚。"实原自本文,又可为本文注脚。

② 皦,明也。不皦,无光。昧,暗也。不昧,无影。绳绳,无际涯之貌。绳绳不可名,漫无际涯,不可名状。复归于无物,道千变万化,而终归于无。

③ 无象之象,王本作"无物之象"。宋苏辙《老子解》、宋林希逸《老子口义》作"无象之象",从之。"无状之状,无象之象",没有形状的形状,没有形象的形象。王弼注:"欲言无邪,而物由以成;欲言有邪,而不见其形。故曰无状之状,无象之象也。"是王本原亦作"无象之象"也。惚恍,无形无象之貌,此即指道。二十一章:"道之为物,惟恍惟惚:惚兮恍兮,其中有象,恍兮惚兮,其中有

66

— 十四章 —

物。"与此意同。

④迎之，自前面看。随之，自后面看。"其上不皦，其下不昧"，就上下言之。"迎之不见其首，随之不见其后"，就前后言之。都是说道不可感知，无迹可求之意。

⑤执，据也，犹言掌握。御，治也，犹言支配、主宰。有，万有，一切具体事物。

⑥古始，古始之道。道纪，道之纲纪，道之规律。

★（一）本章论道之本质及其作用。道系客观存在，然不可感知，而能主宰万物。

（二）"执古之道，以御今之有"，刘师培《老子斠补》以"有"为"域"之借字，谓"御今之有，犹言御今之天下国家也"。按，刘说非是。"有"即万有，较之天下国家，义更深广，无烦假借。

本章用韵：希夷微（夷，脂部；希微，微部） 诘一（质部） 绳名（绳，真部；名，耕部。句首尾叶韵） 昧物（物部） 状象光（阳部） 首后（首，幽部；后，侯部） 道有始纪（道，幽部；有始纪，之部）

十五章

古之善为道者①,微妙玄通,深不可识②。

夫唯不可识,故强为之容③:

豫焉若冬涉川,犹兮若畏四邻④,俨兮其若客,涣兮若冰之将释⑤,敦兮其若朴,旷兮其若谷,混兮其若浊⑥,〔澹兮其若海,飂兮若无止。〕⑦

孰能浊以静之而徐清?孰能安以动之而徐生⑧?

保此道者不欲盈⑨。夫唯不盈,故能蔽而新成⑩。

① 善为道者,善于行道者。王本作"善为士者",此从傅奕《道德经古本篇》与《长沙马王堆汉墓帛书老子》甲、乙本。

② 微妙玄通,深微,精妙,幽远,通达。

③ 强,勉强。容,形容,描述。

④ 豫焉,犹兮,上下两句拆用"犹豫"一词,迟疑之貌,戒慎之状。涉川心必戒惧,加上冬寒,自更犹疑。邻,指诸侯国之邻国,非指普通居民的邻居。有邻即需戒备,四邻自更可畏。四邻可畏,反映出春秋战国之世各国统治者的心理状态。

⑤ 严,敬也。客,王本作"容",形近而误,此从《长沙马王堆汉墓帛书老子》甲、乙本与河上公《老子道德经》、傅奕《道德经古本篇》。若客,即不为主。涣,流散貌。释,解也。

⑥ 敦,厚貌。朴,同"璞",未经雕琢的玉石。旷,虚空之貌。混,通"浑",浊貌。王弼注:"凡此诸若,皆言其容象不可得形名也。"

― 十五章 ―

⑦"澹兮其若海"二句,原二十章文。按上下文义句例,应为此章文字。《淮南子·原道》述道之性状,"纯兮其若朴""混兮其若浊"之后为"澹兮其若深渊,泛兮其若浮云"。此二句实由"澹兮其若海"二句变化而来,亦可证此二句应属本章"混兮其若浊"之后。澹,犹澹澹,大水动荡之貌。飂,大风吹也。二句谓,若大海之动荡,广阔无边;若大风之吹刮,无所止境。

⑧此二句王本作"孰能浊以静之徐清?孰能安以久动之徐生?"各本亦有异同。蒋锡昌《老子校诂》云:"陈碧虚谓一本作'孰能浊以静之而徐清?孰能安以动之而徐生?'文谊兼长,盖王弼古本也。"从之。王弼注云:"浊以静,物则得清;安以动,物则得生。此自然之道也。"是王本原亦无"久"字。二句谓,谁能像水一样浑浊而沉静之后又慢慢澄清?安定而动荡之后又慢慢新生?

⑨盈,满也。

⑩蔽而新成,王本原作"蔽不新成"。清易顺鼎《读老札记》谓当作"蔽而新成"。易氏曰:"蔽者,敝之借字。不者,而之误字也。敝与新对,'能敝而新成'者,即二十二章所云'敝则新',与上文'能浊而清,能安而生'同意。"易说是。敝而新成,陈敝而又能新成。又,《景龙碑》作"能弊复成",语更简明。

★(一)本章赞美得道之士。蒋锡昌《老子校诂》曰:"上章言道之为物,无状无象,无声无响。此章言有道之人君,亦应无形无名,无为无执,此乃以道用之于治身治国也。"

《文子·上仁》篇对此章作了注解,其言曰:"豫兮若冬涉川者,不敢行也;犹兮若畏四邻者,恐自伤也;俨兮其若客者,谦恭敬也;涣兮若冰之液者,不敢积藏也;敦兮其若朴者,不敢廉成也;混兮其若浊者,不敢清明也;广兮其若谷者,不敢盛盈也。进不敢行者,退不敢先也;恐自伤者,守柔弱不敢矜也;谦恭敬者,自卑下尊敬人也;不敢积藏者,自损弊不敢坚也;不敢廉成者,自亏缺不敢全也;不敢清明者,处污浊而不敢新鲜也;不敢盛盈者,见不足而不敢自贤也。夫道退,故能先;守柔弱,故能矜;自卑下,故能高;自损弊,故实坚;自亏缺,故成全;处浊辱,故新鲜;见不足,故能贤:道无为而无不为也。"

（二）敦兮其若樸，注家多引《说文》"樸，木素也"，以樸为木之原材。《说文》无"璞"字，古书璞玉之璞，多假用"樸"字。一切原材皆可谓樸，不限于木素。此必指玉璞。《淮南子·原道》"其全也纯兮若樸"，高诱注："樸，若玉樸也，在石而未剖。"傅玄《观赋》"采阴山之潜樸，简众材之攸宜"，此皆假樸为璞之证。

本章用韵：通容（东部） 豫犹（对应句首字双声相叶） 川邻（川，文部；邻，真部） 客释（铎部） 谷浊（屋部） 海止（之部） 清生盈成（耕部）

十六章

致虚极,守静笃。万物并作,吾以观复①。

夫物芸芸,各复归其根②。归根曰静,是谓复命;复命曰常,知常曰明③。不知常,妄作凶④。知常容,容乃公,公乃王,王乃天,天乃道,道乃久,没身不殆⑤。

①致虚、守静,使心境空明宁静,不为杂念所乱,不为外物所惑。笃,厚也。作,发生,变化。致虚至极,守静至深,即使万物并作,纷纭复杂,我亦可看到它们归复本根。前二句言修养工夫,后二句言其作用。

②芸芸,众多之貌。根,本原。万物芸芸,最终各归返其本原。

③静,静寂。命,犹言本性。《礼记·中庸》:"天命之谓性。"《左传》成公十三年:"民受天地之中以生,所谓命也。"常,永恒的自然规律。《韩非子·解老》:"唯夫与天地之剖判也具生,至天地之消散也不死不衰者谓常。"明,明哲。归其本根叫作静寂,也就是复其本性;复其本性乃是永恒的自然规律,懂得这种永恒的规律叫作明哲。五十五章"知和曰常,知常曰明",可以互参。

④凶,灾殃。不懂得永恒的自然规律,轻举妄动,就会带来灾殃。

⑤容,包容。公,公平,公正。王,王弼释为"周普"。天,指自然。没身,终身至死。没,通"殁"。殆,危险。七句谓,知常乃能包容一切,能包容一切乃能坦荡公平,坦然公平乃能周全普及,周全普及乃合于自然,合于自然即达于道,达于道乃能长久;如此,则终身不致危殆。

— 老子本原 —

★（一）本章所论，谓虚静乃能观万物变化，万物变化皆复归其本根。老子显然从有生必有死这一普遍现象得到他的哲学观念，认为万物芸芸，最终都要归返本根，即归于无。因此他主张致虚守静，以静观变化。这是老子"无为"主义的哲学基础。

（二）"公乃王，王乃天"，劳健《老子古本考》谓王弼注中"无所不周普"，"周普"不能释"王"字之义。因此"此二句中'王'字盖即'全'字之讹，'公乃全，全乃天'，全天二字为韵，王弼注云'周普'是也"。劳氏之说不为无见，然其改字无本可据，故只供参考。

本章用韵：笃腹（觉部） 芸根（文部） 静命（耕部） 常明常凶容公王（常明王，阳部；凶容公，东部） 道久殆（道，幽部；久殆，之部）

十七章

太上不知有之，其次亲之，其次誉之，其次畏之，其次侮之^①。
信不足焉，有不信焉^②。
悠兮其贵言！功成事遂，百姓皆谓"我自然"^③。

① 本章论统治者和人民的关系。太上，统治之最佳者。《左传》襄公二十四年："太上，有立德；其次，有立功；其次，有立言。"《战国策·魏策》："故为王计：太上，伐秦；其次，宾秦。"太上皆最佳之义。不知，王本原作"下知"，此从吴澄《道德真经注》。不知有之，即人民根本不知道统治者的存在，即末句"百姓皆谓'我自然'"。"其次亲之，其次誉之"，王本与诸本并作"其次亲而誉之"。此从傅奕《道德经古本篇》。亲之出于心，誉之出于口，属于不同层次，故傅本较诸本为优。五句谓，对于统治者，最好的情况是，人民不知道他存在，自然不感到有任何负担；其次是人民亲近他，亲近就有了一定的干系；其次是人民赞扬他，赞扬往往是统治者自身的需要；其次是人民畏惧他，凶残的统治者人民才会畏惧；其次是人民凌侮他，即起而反抗，到了统治者极为可恨，人民已无法忍受，才会起来反抗。此段论述极为精辟。

② 信，诚信。统治者对人民诚信不足，人民对他也不诚信。

③ 悠，闲暇貌。贵言，珍视言论，亦即少言，不轻易言。功成事遂，百姓却无所感觉，认为我本来就是如此。此即"太上"之境。九章云，"功遂身退，天之道哉"，可以互参。

★（一）太上不知有之，王本作"太上下知有之"亦通。下，即下民，亦即百姓。下知有之，即人民仅知其存在，而不用亲誉敬畏。"下"字统贯五句，为"知有之、亲之、誉之、畏之、侮之"的主语。但从吴澄本作"不知有之"，文意更佳，主语省略，到最后一句才点出。"不知有之"与结句"百姓皆谓'我自然'"呼应更为紧密。

（二）本章论为政贵自然，主张不困扰百姓，对人民以诚信相待。这种见解，是老子政治论中最可贵的部分。如果真正"功成事遂"，百姓皆谓"我自然"，他们没有沉重的负担，不遭受迫害打击，不需要歌功颂德，不需要匍匐在地"敬祝万寿无疆"；民忘于治，若鱼忘于水，实在是一种美好的理想。

（三）《帝王世纪》载《击壤歌》云："日出而作，日入而息，凿井而饮，耕田而食，帝力何有于我哉？"此即老子"百姓皆谓'我自然'"思想的体现，反映了春秋战国时代饱受纷扰的人民向往和平生活的愿望。

（四）友人储庭焕曰："悠，深远貌。'悠兮其贵言'是对后面两句的赞美之词。三句应如此标点：'悠兮其贵言：功成事遂，百姓皆谓我自然！'意思是'深远啊如此珍贵之言：功成事遂，百姓皆谓我自然！'"储君之见，极为独到，可供参考。

本章用韵：誉侮（誉，鱼部；侮，侯部） 言然（元部）

十八章

大道废,有仁义;智慧出,有大伪①。
六亲不和,有孝慈;国家昏乱,有忠臣②。

① 大道,此指无为自化,清静自正的政治。智慧出,王弼本作"慧智出"。此从傅奕《道德经古本篇》、吴澄《道德真经注》。王弼注"故智慧出则大伪生也",似王本原亦作"智慧出"。

② 六亲,王弼注:"父子兄弟夫妇也。"《吕氏春秋·论人篇》:"何谓六戚?父母兄弟妻子。"两者词异而实同。"国家昏乱"二句,旧题南齐顾欢《道德真经注疏》:"至治之时,忠诚不见;昏乱之世,贞节斯彰。是以龙逢名芳于夏桀,比干誉美于殷纣也。"(按,顾欢,字景怡。《南齐书》有传。《道德真经注疏》新唐书《艺文志》已著录。但其中引有唐玄宗御疏、宋陈象古《道德真经解》,当系后人羼入。)

★(一)老子认为,在纯朴的社会,"见素抱朴,少私寡欲",人民无所争夺,没有巧伪,那些维护社会秩序的伦理道德不需要,也就不会出现。这是对东周社会现实的批判,在理论上则与儒家完全对立。老子认为,"大道"不废,没有不仁义,也就不会有仁义;有了所谓智慧行世,才同时出现了巧伪。家庭和顺,也就无所谓孝慈;国家平泰,也就无所谓忠臣。老子看到了这些事物中对立而又统一的关系,看到了产生仁义、智慧、孝慈、忠贞这些伦理道德观念的社会背景。但是另一方面,任何道德伦理观念都是客观社会的产物,应运而生,用一个假想的"大道"去抗拒它却是不可能的。这是老子的理论同客观现实的矛盾。

（二）"大道废，有仁义"，侯外庐《中国古代思想学说史》一书中用了相当大的篇幅来论证《老子》只能产生在战国时代，其中最硬的证据就是"仁"到孔子才"发现"。侯先生说："按郭（沫若）先生的发现，'仁'是儒家孔子的观念生产。"（原文如此——引用者注）"老子却在'仁'未发现的时候便会反对仁义，所谓'大道废，有仁义'、'天地不仁'、'圣人不仁'，这是奇迹。"——侯先生用讽刺的口吻说"这是奇迹"。这不是奇迹，远在孔子之前"仁"的观念早已产生。《诗·郑风·叔于田》"洵美且仁"与《齐风·卢令》"其人美且仁"都是赞美主人公的，"仁"便认为是最高尚的品格。二诗产生的时间难以确定，但很可能早于孔子两百年。《左传》《国语》中有大量涉及"仁"或"仁义"的言论。《左传》中"仁"中出现三十七次（其中有两次出于孔子之口可作别论），在《国语》中出现五十八次。《左传》隐公六年（前717），陈公子佗曰："亲仁善邻，国之宝也。"庄公二十二年（前672），君子曰："酒以成礼，不继以淫，义也；以君成礼，弗纳于淫，仁也。"隐公六年下距孔子出生一百五十七年，庄公二十二年下距孔子出生也一百二十二年。《国语·周语上》内史过告周襄王曰："礼所以观忠信仁义也。"《周语中》富辰谏周襄王曰："义所以生利也"，"仁所以保民也"；"不义则利不阜"，"不仁则民不至"。周襄王即位下距孔子出生整整一百年。昭公十二年仲尼曰："古也有志：克己复礼，仁也。""克己复礼仁也"这个有名的命题，孔子自己出面说明出于古人之"志"，并非他本人的发明。典籍所记如此清楚明白，怎么能说"仁"到孔子才发现呢？又怎么能说老子是在"仁"未发现的时候反对仁义呢？老子反对"仁义"并非奇迹，认为老子在"仁"未发现之前反对"仁义"倒颇为"奇怪"。

（三）"国家昏乱，有忠臣"，唐太宗诗云，"板荡识诚臣"；文天祥歌曰，"时穷节乃见"，所论亦正相同。但老子的话重在对造成"六亲不和""国家昏乱"的社会根源的批判，而唐太宗文天祥重在对忠臣节士的肯定和歌颂。

本章用韵：义伪（歌部。义，读如俄。伪，读如讹）

十九章

绝圣弃智,民利百倍;绝仁弃义,民复孝慈;绝巧弃利,盗贼无有①。此三者以为文不足,故令有所属②:见素抱朴,少私寡欲,〔绝学无忧〕③。

① 圣,睿也,通也,与"智"实同义。《庄子·胠箧》云:"故绝圣弃智,大盗乃止,擿玉毁珠,小盗不起;焚符破玺,而民朴鄙;掊斗折衡,而民不争。"即衍老子"绝圣弃智"六句之意。

② 此三者,指绝圣弃智,绝仁弃义,绝巧弃利。文,指前面的话。足,《慧琳音义》卷二十五"既自克足"注:"足,周备也。"以为文则不足,犹言作为话来说是不够周备的。因三句都是绝这弃那,是从否定方面说的,所以说不够周备。令,使也。属,归属,适从。令有所属,要使人有所归属,即下文"见素抱朴,少私寡欲,绝学无忧"。

③ 见素抱朴,见(xiàn)其简素,守其淳朴。少私寡欲,少私念,寡欲求。忧,思也,虑也。绝学无忧,绝学识,无思虑。绝学无忧,王本属下章首句。蒋锡昌《老子校诂》:"此句应属上章,晁公武《郡斋读书志》谓张君相三十家老子注,以'绝学无忧'一句附'绝圣弃智'章末,以'唯之与阿'别为一章,与诸本不同,当从之。"蒋说是。"见素抱朴,少私寡欲,绝学无忧"三句,与前段"绝圣弃智"、"绝仁弃义"、"绝巧弃利"三句相应。前段三者以为文不足,故令有所属而有后段三者。由此可知"绝学无忧"应属本章。又,"绝学无忧"与"见素抱朴、少私寡欲"结构相同,为两个动宾词组并列,意即勿学勿忧。不要理解为"绝学则无忧"。

★（一）十八章、十九章均论政贵淳朴。上章只是批判，本章提出正面主张。批判较为容易，解决问题却难。老子反对仁义巧智，而主张返回见素抱朴、无私无欲的原始状态。从社会发展的观点看，这种主张是不现实的。

（二）友人储庭焕曰：本章"孝慈"一词疑有误。上章"六亲不和，有孝慈"，以"孝慈"为世风颓靡的产物。本章"绝仁弃义，民复孝慈"，以"孝慈"为世风淳朴的表现。概念内涵抵牾。又"孝慈"与"仁义"并非相反的观念，也可疑此词有误。《庄子·胠箧》云："焚符破玺，而民朴鄙。"此处也应作"绝仁弃义，民复朴鄙"，朴鄙即质朴之意，内容切合；且"倍""鄙""有"三字叶韵。储君之说，言之有理，但无本可据，仍只备一说。

本章用韵：倍慈有（之部。倍，音痞。有，音以） 足属朴欲忧（足属朴欲，屋部；忧，幽部）

二十章

（绝学无忧）唯之与阿，相去几何？美之与恶，相去何若？人之所畏，不可不畏①！

荒兮其未央哉②！

众人熙熙，如享太牢，如春登台③。我独泊兮其未兆④，〔沌沌兮〕如婴儿之未孩⑤，儽儽兮若无所归⑥。

众人皆有余，而我独若遗⑦。我愚人之心也哉！

俗人昭昭，我独昏昏；俗人察察，我独闷闷⑧。

（澹兮其若海，飂兮若无止。）⑨

众人皆有以，而我独顽且鄙⑩。

我独异于人，而贵食母⑪。

①唯，应诺之声，美声。阿，同"呵"，呵斥之声，恶声。美恶相对，与下二句义实相同。"美之与恶，相去何若"，王本作"善之与恶，相去若何"，此从傅奕《道德经古本篇》。《长沙马王堆汉墓帛书老子》甲本作"美与恶，其相去何若"，与傅本亦相近。二章"天下皆知美之为美，斯恶已"，亦美恶相对。又"恶""若"叶韵，作"何若"是。美与恶，照说彼此分明，然人们的价值标准不同，孰美孰恶的判断也各异，它们的差别在哪儿？一种风气一来，往往不可阻挡，故老子说人们所畏惧者，也不能不使自己畏惧。这是老子愤激之言，观下文对世风的讥刺可知。

②荒，义同《易·泰》"包荒，用冯河"之荒，水广貌，泛滥之貌，此指颓风

泛滥无边，字亦作"沉"。未央，未有穷尽。句意谓，世俗颓风泛滥无边，看不到尽头，下文"众人熙熙"即描写其情状。

③熙熙，和乐貌，此实指众人荒嬉之状。享，享用。太牢，具有牛羊豕三牲的筵席，此泛指盛筵美馔。如春登台，河上公《老子道德经》作"如登春台"。

④泊，淡然。兆，迹象，犹言表现。泊兮其未兆，处之淡然，不表现出任何迹象，即淡泊无为之意。泊，河上公《老子道德经》作"怕"。《说文》："怕，无为也。"义亦相通。

⑤沌兮，浑茫无知之貌。三字原在"我愚人之心也哉"之后。马叙伦《老子覈诂》："此三字当在'如婴儿之未孩'上，所以形容婴儿浑沌未分，不知咳笑，与'儽儽兮'对文。"据马说移此。孩，通"咳"。《说文》："咳，小儿笑也。"未孩，即婴儿尚未能笑。

⑥儽儽，义同《史记·孔子世家》"累累若丧家之狗"之累累，疲惫之貌，此处为散荡之意。

⑦馀，饶多。遗，"匮"之借字，不足。众人有馀，我独若不足，指精神上的自我感觉，非指财货。

⑧昭昭，明也。昏昏，暗也。察察，精明。闷闷，含浑。昭昭察察，皆清楚明白之意；昏昏闷闷，皆糊涂昏暗之义。《楚辞·渔父》："安能以身之察察，受物之汶汶者乎？"汶汶，同闷闷。《楚辞》以人为汶汶，以己为察察，与老子表面上正相反。

⑨"澹兮其若海"二句应为十五章文，错简于此，移入该章。参见十五章注。

⑩以，用也。有以，有用，含有自信自足之意。顽，愚钝。鄙，浅陋。愚钝而且浅陋，则无用也，顽且鄙。王本作"顽似鄙"，此从傅奕《道德经古本篇》。王弼注："无所欲为，闷闷昏昏，若无所识，故曰顽且鄙也。"是王本原亦作"顽且鄙"也。

⑪食，义同《庄子·德充符》"既受食于天"之食，养也。《左传》文公十八年"功以食民"，杜预注："食，养也。"此处犹言涵养。母，本也，指道。我独异于众人，不似众人荒嬉无度，自以为是，而珍视涵养于道。

— 二十章 —

★本章对当时的世道人心进行批判，认为风气颓败，泛滥无边。"荒兮其未央哉"一段，多用反语。以众人为有馀，有以，昭昭，察察，实则批判众人荒嬉盲目，自以为是；我则不足，无用，昏昏，闷闷，实则表示其大昭若昏，大智若愚。末二句正面点明作意，谓我异于众人，因我重视涵养于道。

本章用韵：阿何（歌部） 恶若（铎部） 畏畏（叠字为韵） 荒央（阳部。句中首尾叶韵） 哉熙台孩（之部） 归遗（微部） 昏闷（文部） 以鄙母（之部）

二十一章

孔德之容,惟道是从[①]。

道之为物,惟恍惟惚[②]:惚兮恍兮,其中有象;恍兮惚兮,其中有物[③]。窈兮冥兮,其中有精;其精甚真,其中有信[④]。自古及今,其名不去,以阅众甫[⑤]。

吾何以知众甫之然哉?以此[⑥]。

[①] 孔,河上公注,"大也"。德,道之体现为德。《韩非子·解老》:"德者,道之功。"唐陆德明《释文》:"德者,道之用也。"宋苏辙《老子解》:"德,道之见也。"容,义同《史记·乐书》"乐之容也"之容,犹事也。二句谓,大德之事,惟道是从。又,《释文》引钟曰:"容,法也。"谓大德遵循的法则,乃惟道是从。亦通。

[②] 惟恍惟惚,无形无象之貌。二句谓,道之为物,无形无象。

[③] 象,不具形的征象。物,具形的某种实体。盖老子之道,无形而又有形,无象而又有象,无物而又有物;它不可感知,而真实存在。

[④] 窈,冥,深远幽邈之貌。精,气。《管子·内业》:"精也者,气之精者也。"《庄子·秋水》:"夫精,小之微也。"真,实在。信,兆也,征兆。《太玄·应》"阴信萌乎下",司马光集注:"信,兆也。"王弼注为"信验",亦相通。

[⑤] 名,义同《国语·周语》"勤百姓以为己名"之名,韦昭注:"名,功也。"去,减也。其功即"以阅众甫"。阅,义同《淮南子·俶真篇》"此皆生一父母而阅一和也"之阅,高诱注:"阅,总也。"众,指万物。甫,始也。王弼注:"众甫,

二十一章

物之始也。"三句谓，道自古及今，其功用不减，以总揽万物之始，即生万物。

⑥ 之，乃也。然，如此。众甫之然，万物始生乃如此。（然，王本作"狀"，此从河上公《老子道德经》。"狀"字固亦可通，作"然"更好。五十四章"吾何以知天下然哉？以此"，五十七章"吾何以知其然哉？以此"，句法相同，字皆作"然"。）友人储庭焕曰："本章文字，至'以阅众甫'，已文意完足。'吾何以知众甫之然哉？以此'，疑为后人掺入之语；句既累赘，且无内容。"

★（一）本章与二十五章是老子描述道之本质最重要的两章。道，惟恍惟惚，窈兮冥兮，故视之不见，听之不闻，搏之不得，无法感知。但其中有象有物，有精有信，是客观上真实的存在。自古及今，其功用不减，总揽万物之始，亦即生成万物。

（二）"自古及今，其名不去，已阅众甫"，注家多以"名"即名称，甚误。道本无名，若曰"自古"即有其名，显与老子本意相违。且解作其名称不去，则与"以阅众甫"了不相涉。

本章用韵：容从（东部） 物惚（物部） 恍象（阳部） 惚物（物部） 冥精（精部） 真信（真部） 去甫（鱼部）

二十二章

曲则全，枉则直，洼则盈，敝则新；少则得，多则惑①。是以圣人抱一为天下式②。

不自见故明，不自是故彰③，不自伐故有功，不自矜故长④。夫唯不争，故天下莫能与之争⑤。

古之所谓"曲则全"者，岂虚言哉，诚全而归之⑥。

① 曲，义同《礼记·中庸》"其次致曲"之曲，朱熹注为"一偏也"。一偏即不全，不全乃能全。枉，《说文》，"邪曲也"。邪曲乃能直。洼，深也，低洼。盈，满。低洼才会盈满。敝，敝旧。敝旧必能新生。少乃能多，过多就会迷乱。根据下文"不自见故明，不自是故彰，不自伐故有功，不自矜故长"，二十四章"自见者不明，自是者不彰，自伐者无功，自矜者不长"推论，则本段所论，乃贯彻其以柔克刚，以退为进的人生原则；认为只有自处于曲、枉、洼、敝，乃能全、直、盈、新；所求须少，而后乃得，若求之过多，则必然迷乱。《易·系辞下》云："龙蛇之蛰，以全身也，尺蠖之曲，以求信也。"与老子此章之意相近。

② 抱一，守道，即自处于柔弱低卑之道。式，楷式。王弼注："式，犹则也。"仪则，规范。

③ 见，义同《淮南子·修务》"而明弗能见者何"之见。知也，亦明也。故，犹"乃"也。不自以为清楚明白乃能清楚明白。是，正确。彰，明也，亦正确之意。不自以为是乃能判断正确。二句义实一致。凡自以为明，自以为是，就会忽视缺欠，看不到不足，造成错误。只有不自以为明，不自以为是，才能慎重从事，

— 二十二章 —

多方考察，如此乃能认识清楚，判断正确。

④ 伐，义同《史记·屈原传》"平伐其功"之伐，夸耀。不自夸耀，才会有功。矜，傲慢。《公羊传》僖公九年，"矜之者何？犹曰莫我若也"。莫我若，即骄矜自许，自以为是。长，义同《易·泰》"君子道长"之长，长进。不自以为是，乃能有所长进。

⑤ "夫唯"二句谓，因为不争，所以天下没有谁能与之争。

⑥ 自首句至"夫唯不争，故天下莫能与之争"，全章文意已完。末三句并无深义，疑为后人掺入之语。

★ 曲乃能全，柔乃克刚，"夫唯不争，故天下莫能与之争"，即本章之旨。

本章用韵：全盈新（全，元部；盈，耕部；新，真部） 直得惑（职部。"曲则全"六句，一三四句与二五六句交错叶韵） 一式（一，质部；式，职部） 明彰功长（明彰长，阳部；功，东部）

二十三章

希言自然①。

故飘风不终朝,骤雨不终日②。孰为此者,天地。天地尚不能久,而况于人乎③!

故从事于道者同于道④;德者同于德,失者同于失⑤。同于德者,道亦德之;同于失者,道亦失之⑥。

(信不足焉,有不信焉。)⑦

① 希,少也。句意谓少言合乎自然。五章"多言数穷,不如守中",十七章"悠兮其贵言",均与此相应。二章"圣人处无为之事,行不言之教",四十三章"不言之教,无为之益,天下希及之",亦与此意同。

② 故,犹"夫"也。飘风,狂风。骤雨,暴雨。"飘风"与"骤雨","终朝"与"终日",皆互文。

③ 四句谓,飘风骤雨乃天地所为,天地之所为尚不能持久,人事更不必说。凡事狂暴骤急则不能持久,欲事久长,只有依归于道。

④ 故,犹"夫"也。从事于道者同于道,王本作"从事于道者道者同于道",衍"道者"二字,今据《长沙马王堆汉墓帛书老子》删。《淮南子·道应》引老子语也与帛书同。王弼注:"从事,谓举动从事于道者也。道以无形无为成济万物,故从事于道者,以无为为君,不言为教,绵绵若存,而物得其真,与道同体,故曰同于道。"

⑤ "故从事于道者同于道;德者同于德,失者同于失",德,通"得"。前一

二十三章

句总述"从事于道者同于道",后面二三两句分析得者与失者。王弼注,"行得则与得同体,故曰同于得也","行失则与失同体,故曰同于失也"。是王弼即以"得""失"相对。德(得)者,行为得道者。同于德(得),指得道。失者,行为失道者。同于失,指失道。二句犹言行为得道者则得道,行为失道者则失道。

⑥"同于德者"四句,王本作"同于道者,道亦乐得之;同于德者,德亦乐得之;同于失者,失亦乐得之"。他本亦基本相同。唯《长沙马王堆汉墓帛书老子》甲、乙本并作"同于德者,道亦德之;同于失者,道亦失之"。帛书不以"道""德""失"平列,只以"得""失"对举,最得古本之真。四句谓,行为得道者,道也得到他,行为失道者,道也失掉他。

⑦"信不足焉"二句见十七章,重出于此,衍文;在本章与上文毫无联系。

★(一)"希言"也者,无多言也。引而申之,则凡事皆要持其清静,不用扰攘烦苛。故"飘风不终朝,骤雨不终日",凡属剧烈急骤者皆不能持久,只有归依于道,乃能长久。而从事于道者,道乃与之同在。

(二)本章两"故"字与通常用法不同。"故"字常用为承递连词,犹今言"所以"。本章中"故,犹夫也",为语首助词,亦曰发端之词。二十九章"故物,或行或随",《景龙碑》《景福碑》《敦煌唐写本老子残卷》"故"字并作"夫",是二字通用之证。《文心雕龙·章句》云:"夫惟盖故者,发端之首唱。"是"故,犹夫也",刘彦和见之甚明。惟此用法,注家多不注意,故特表出之。

本章用韵:言然(元部,句中叶韵)

二十四章

企者不立，跨者不行①；自见者不明，自是者不彰，自伐者无功，自矜者不长②。

其在道也，曰馀食赘行③。物或恶之，故有道者不处④。

① 企，高高地踮起脚跟。跨，大大地伸开脚步。踮起脚跟不能久立，过大跨步无法远行。与上章"飘风不终朝，骤雨不终日"，意亦相通。

② "自见者"之见，明也。"自见者不明"四句谓，自以为明者不明白，自以为是者不正确，自己夸耀者必然无功，自高自傲者不会长进。参见二十二章注。

③ 其在道也，就道而言。馀食，残食。行，通"形"。赘形，赘瘤。二句意谓对自见者、自是者、自伐者、自矜者，就道而言，视之为残食赘瘤。

④ 物，指人。或，四章"或不盈"，河上公注"或，常也"。恶（wù），厌恶。物或恶之，谓自见、自是、自伐、自矜者，人们总是厌恶他。不处，不处于自见、自是、自伐、自矜之境。

★二十二章云，"不自见故明，不自是故彰，不自伐故有功，不自矜故长"；本章云，"自见者不明，自是者不彰，自伐者无功，自矜者不长"，两章相应。二十二章从肯定方面立论，本章从否定方面着笔，言主观傲慢、自以为是者必然失败，故有道者不处。

本章用韵：行明彰功长（行明彰长，阳部；功，东部） 恶处（恶，铎部；处，鱼部）

二十五章

有物混成，先天地生①。寂兮寥兮，独立而不改，周行而不殆②，可以为天地母③。

吾不知其名，字之曰"道"④。强为之名曰大，大曰逝，逝曰远，远曰反⑤。

故道大，天大，地大，王亦大。域中有四大，而王居其一焉⑥。

王法地，地法天，天法道，道法自然⑦。

① 物，即二十一章"道之为物"之物，指道，由下文可知。混成，无形无象，混然而成。先天地生，先天地而存在。

② 寂兮寥兮，王弼注："无形体也。"河上公注："寂者，无声音。寥者，空无形。"独立而不改，王本作"独立不改"，此从河上公《老子道德经》。王弼注："无物匹之，故曰独立也。返化终始，不失其常，故曰不改也。"严复曰："不生灭，无增减；万物皆对待，而此独立；万物皆迁流，而此不改。"周行，普遍运行，无所不至。不殆，不息，不止。陆德明《经典释文》："殆，怠也。"不怠，亦不息之意。

③ 天地，王本作"天下"，此从《长沙马王堆汉墓帛书老子》甲、乙本。母，本也。天地为道所生，故曰"为天地母"。

④ 字，取名。字之曰"道"，本章明确交代，老子将这种"先天地生"，"可以为天地母"的原始存在名之为"道"。老庄之道，定名即始于此；在中国学术史上与儒家双峰并峙的道家亦因此得名。

⑤"强为之名"之名,为名状之意,犹言形容,描述。亦与"明"通。《礼记·乐记》:"述者谓之明。""强为之名"与十五章"强为之容"意同。大,广也。逝,往也,谓变化发展。远,无穷也。《仪礼·士冠礼》"永受胡福",郑玄注:"胡,远也。远,无穷也。"反,通"返",返回本原。"大曰逝,逝曰远,远曰反"之"曰",犹乃也。句法与十六章"容乃公,公乃王,王乃天,天乃道,道乃久"相类。四句谓,勉强将道加以描述,则可以说:道广大无边,广大无边乃变化发展,变化发展乃滋息无穷,滋息无穷最终又返回本原。盖老子认为有生于无,最终又返归于无。

⑥故,犹"夫"也。域,指宇宙。域中有四大,即"道大,天大,地大,王亦大"。

⑦王法地,王本原文作"人法地"。此紧承上文而来,故此处应从唐李约《道德真经新注》、金寇才质《道德真经四子古道集注》作"王"为是。法,取法,效法。上文言"道大,天大,地大,王亦大",但域中四大并不是相等的,其次第是道,天,地,王;故王法地,地法天,天法道,道法自然。

★(一)道家学派之得名,即原于老子之道。在本章中,老子第一次宣布,这种惟恍惟惚、无形无象之物,是他名之为"道"。此名一定,一种辉耀几千年的道家哲学从此形成。——道的本质特点:一是它"先天地生",是宇宙之间本然的永恒的客观存在。二是它无形无象,无法感知,却独立不改,周行不殆,无所不在。三是由道生成天地万物,为天地之母。四是其功用无穷,永无止境。本章与二十一章,是老子论述道之性状的主要篇章。

(二)"强为之名"之"名",注家或解作"命名"之意。"强为之名曰大,大曰逝,逝曰远,远曰反",以"大"为道之别名。甚为错误。既已名为"道",名正言顺,安得节外生枝,又名为"大"。此其一。大、逝、远、反,皆述道之词。若"大"为别名,连及下文,则道又名为"逝",又名为"远",又名为"反",则无法理解。此其二。下文"道大",大为述道之词,非道之别名甚明。此其三。三十四章"衣养万物而不为主,可名于小;万物归焉而不为主,可名为大",用法与此

— 二十五章 —

同。不能说道既别名小，又别名大。此其四。职此数端，足证"大"非道之别名。

（三）"故道大，天大，地大，王亦大。域中有四大，而王居其一焉"，唐傅奕《道德经古本篇》作"故道大，天大，地大，人亦大。域中有四大，而人居其一焉"。宋范应元《老子道德经古本集注》从之。近世老著，以人为域中之大，符合今人观念，故亦多从傅本。按，王本此文不误。第一，较古的老子版本，如《长沙马王堆汉墓帛书老子》甲、乙本，汉严遵《老子注》，河上公《老子道德经》与《淮南子·道应》引文，并作"王亦大"，"而王居其一焉"，均与王弼此文同。第二，老子思想中的王与有道者是统一的，只有体道之王才可以称为域中之大，并非所有的人都可称为大。因之"王亦大"更符合老子思想。第三，第十六章"王乃天，天乃道"，王与天、道并提。第三十九章"昔之得一者，天得一以清，地得一以宁，神得一以灵。谷得一以盈，万物得一以生，侯王得一以为天下贞"，侯王乃为"得一"者，且与天、地等并列。两章所论，均与王为域中之大的思想一致。以老证老，故当以"王"为是。

（四）"王法地，地法天，天法道，道法自然"，诸本多如此断句，唯李约《道德真经新注》断作"王法地地，法天天，法道道，法自然"，寇才质《道德真经四子古道集注》从之。李氏之言曰："王者，法地法天法道之三大自然妙理而理天下也，故曰'王法地地，法天天，法道道，法自然'，言法上三大之自然妙理也。其义云，法地地，法地之无私载也；法天天，法天之无私覆也；法道道，法道之无私生而已矣。"按，李氏之说固甚独特，其实非是。第一，按老子哲学，道至高无上，与自然则为一体，天地万物则为其所生。"王法地，地法天，天法道，道法自然"，四者为递进关系，道为地天所法，符合老子思想。而"法地地，法天天，法道道，法自然"，道与自然同地天平列，与老子哲学抵牾。第二，"王法地，地法天，天法道，道法自然"，语句顺畅，而"法地地，法天天，法道道"则不成辞，老子书与先秦文献均无此句法。故李约之说甚误。

本章用韵：成生（耕部） 改殆母道（改殆母，之部；道，幽部） 大逝（月部）远反（元部）

二十六章

重为轻根,静为躁君①。
是以圣人终日行,不离辎重②。虽有荣观,燕处超然③。
奈何万乘之主,而以身轻天下④。
轻则失根,躁则失君⑤。

①根,本也,犹言基础。君,元也,亦根本之意。静,在本章为持重守静之意。躁,动,在本章含有轻举妄动之义,参见四十五章"静胜躁"注。

②辎重,外出携带或军行运载的后勤物资。辎(zī),有帷盖的大车,既可载物,又可卧人;后勤物资用辎车装载,故称辎重。王弼注:"以重为本,故不离。"二句与"重为轻根"相应。

③虽,通"唯"。荣观,河上公注,"谓宫阙"。燕处,安静处之。超然,超脱之貌。只有安处荣观才可超然。二句与"静为躁君"相应。

④奈何,怎么,质问语气。万乘之主,最高统治者。周制天子地方千里,出兵车万乘,故天子称万乘,至战国之世大国诸侯亦称万乘。身轻天下,以身轻于天下。

⑤根,王本作"本",此从《永乐大典》。与首句"重为轻根"呼应,作"根"为是,且"根""君"叶韵。二句谓,轻举则失其基础,妄动则失其本根。

★任继愈《老子新译》云:"这一章老子举出轻和重,静和动(躁)两对矛盾。认为轻与重对立,重是矛盾的主要方面;躁与静对立,静是矛盾的主要方面。

二十六章

这可以看出《老子》的辩证法是不彻底的。动与静的矛盾,应当把动看作是绝对的,起决定作用的,是矛盾的主要方面。老子虽然也接触到动静的关系,但他把矛盾的主要方面弄颠倒了,也就是把事物的性质弄颠倒了。因此他把静看做起主要作用的方面,所以老子的辩证法是消极的,是不彻底的,有形而上学的因素。"

任氏的批判脱离了全章的内容。本章表述的是老子的政治学,老子说的是要统治者守静持重,不要轻举妄动。蒋锡昌《老子校诂》云:"重谓寡欲自重,轻谓纵欲自轻,二者皆以治身言。静谓清静无为,躁谓急功好事,二者皆以治国言。"蒋氏的分析颇合全章旨意。老子指出"圣人终日行,不离辎重。虽有荣观,燕处超然",又批评有些统治者"奈何万乘之主,而以身轻天下"。如果脱离这些具体内容,只抓住"静为躁君"加以批判,也有违对具体情况作具体分析的原则。

《韩非子·喻老》以赵主父为例,谓"主父万乘之主,而以身轻于天下。无势之谓轻,离位之谓躁,是以生幽而死。故曰'轻则失臣,躁则失君',主父之谓也"。君不能失势,这是老子与韩非在政治哲学上的共识。

至于"静"与"躁"这两个概念,注家将"静"理解为绝对静止,这是用现代普遍的概念去理解老子特定的概念;将"躁"理解与"动"完全同义,更属误解。按老子的概念,"静"不是不动,"躁"也不等于动。"静"和"躁"是"动"的两种形式:"静"是潜移渐进的变化,"躁"指剧烈急进的运动。四十五章曰"静胜躁",本章曰"静为躁君",盖老子主张潜移渐进的变化,而反对剧烈急进的运动;主张稳当持重,反对轻率急暴。详见《老子与老子之道》。

本章用韵:根君(文部) 行重(行,阳部;重,东部) 观然(元部) 主下(主,侯部;下,鱼部) 根君(文部)

二十七章

善行无辙迹，善言无瑕谪，善数不用筹策，善闭无关楗而不可开，善结无绳约而不可解[1]。

是以圣人常善救人，故无弃人；常善救物，故无弃物[2]。是谓袭明[3]。

故善人者不善人之师，不善人者善人之资[4]。

不贵其师，不爱其资，虽智大迷，是谓要妙[5]。

[1] 辙迹，车辙马迹。瑕谪（tì），通瑕疵。《管子·水地》："夫玉瑕谪互见，精也。"《吕氏春秋·举难》："尺之木必有节目，寸之玉必有瑕疵。"此即"瑕谪"通"瑕疵"，玉上的斑点、疵病，喻错误。数（shǔ），计算。筹策，计数用的竹制筹码。闭，关门。关楗，门上关插的木闩，横曰关，竖曰楗。绳约，绳索。元吴澄《道德真经注》云："行者必有辙迹在地，言者必有瑕疵可指，计数者必用筹策，闭门者必用关楗，结系者必用绳约，然皆常人所为尔，有道者观之，则岂谓之善哉？善行者以不行为行，故无辙迹；善言者以不言为言，故无瑕谪，善计者以不计为计，故不用筹策；善闭者以不闭为闭，故无关楗而其闭自不可开；善结者以不结为结，故无绳约而其结自不可解。"吴注能申老氏之旨。五句所论，全用比喻的方式，宣扬其任其自然，无为而无不为的哲理。

[2] 常善，永恒之善，实即指道。物，亦人也。"人"指下文之"善人"，"物"指下文之"不善人"。对善人何以言"救"？老子之所谓救，非指身处祸殃必须挽救，盖以道济人之意。六十二章云："道者，万物之奥，善人之宝，不善人之所保。"不善人为道所保，救也；善人以道为宝，亦救也。

二十七章

③袭明,奚侗《老子集解》:"袭,因也。明,即十六章及五十五章'知常曰明'之明。袭明,谓因顺常道也。"奚说是,五十二章"是谓习常",与此意同。

④故,犹"夫"也。师,楷模。扬雄《法言·学行》:"师者,人之模范也。"资,资材,犹《庄子·徐无鬼》"吾无以为质矣"之质。惠施为庄子的论敌,惠施死后,庄子曰:"自夫子之死也,吾无以为质矣,吾无与言之矣!"质即用以相比较之资质。"天下皆知美之为美,斯恶已;皆知善之为善,斯不善已。"世无不善之人,则亦无所谓善人,故曰不善人者为善人之资质。"师资"一词即出于此。

⑤要妙,犹《文选·七发》所谓"是亦天下要言妙道也"。河上公注:"能通此意,是谓知微妙要道也。"

★老子之所谓"善"者,任其自然之意也,无为为之意也。以永恒之善教人,以永恒之道救物,故无弃人,无弃物。无论善人与不善人,皆可以永恒之善即以无为之道救之也。

本章用韵:迹谪策解(锡部) 资师资迷(脂部)

二十八章

知其雄，守其雌，为天下谿①。为天下谿，常德不离，复归于婴儿②。

知其白，(守其黑，为天下式。为天下式，常德不忒，复归于无极。知其荣③) 守其辱，为天下谷。为天下谷，常德乃足，复归于朴④。

朴散则为器⑤，圣人用则为官长⑥，故大制不割⑦。

① 雄，雄长。雌，雌柔。谿，与下文"谷"同义，均指低洼的川谷。王弼注："谿不求物，而物自归之。"

② 常德，亦即常道，道之体现为德。复归于婴儿，回复如婴儿之柔弱浑朴。老子认为达到婴儿淳朴自然的境界为最高修养。十章"专气致柔，能婴儿乎"，二十章"我独泊兮其未兆，沌沌兮如婴儿之未孩"，五十五章"含德之厚，比于赤子"，内涵都一致。王弼注："婴儿不用智，而合自然之智。"

③ "守其黑，为天下式。为天下式，常德不忒，复归于无极。知其荣"二十三字，易顺鼎《读老札记》以为后人窜入之语。易之言曰："按此章有后人窜入之语，非尽老子原文。《庄子·天下篇》引老聃曰：'知其雄，守其雌，为天下谿。知其白，守其辱，为天下谷。'此老子原文也。盖本以'雌'对'雄'，以'辱'对'白'。'辱'有黑义。《仪礼》注：'以白造缁曰辱。'此古义之可证者。后人不知'辱'与'白'对，以为必'黑'始可对'白'，必'荣'始可对'辱'，如是加'守其黑'一句于'知其白'之下，加'知其荣'一句于'守其辱'之上，又加'为天下式。为天下式，常德不忒，复归于无极'四句，以叶'黑'韵，而窜改之迹显矣。以'辱'对'白'，此自周至汉古义，而彼竟不知，其显然者一

二十八章

也。'为天下谿'、'为天下谷',谿、谷同义,皆水所归。'为天下式',则与谿、谷不伦,凑合成韵,其显然者二也。"按,易说甚辩,当从之。四十一章"大白若辱",即以"辱"对"白"。雄、雌,白、辱都具比喻性质。荣、辱却用直陈;"复归于婴儿""复归于朴"皆以比喻明之,"复归于无极"独用抽象概念,都见其不类,亦可证'守其黑'二十三字为赘文。又,本段文字《马王堆汉墓帛书老子》甲本作:"知其雄,守其雌,为天下谿。为天下谿,恒德不离;恒德不离,复归婴儿。知其白,守其辱,为天下谷。为天下谷,恒德乃足;□□□□,复归于朴。知其□,守其黑,为天下式。为天下式,恒德不贰;恒德不贰,复归于无极。"乙本作:"知其雄,守其雌,为天下谿。为天下谿,恒德不离;□□□□,复归于婴儿。知其白,守其辱,为天下谷。为天下谷,恒德乃足;恒德乃足,复归于朴。知其白,守其黑,为天下式。为天下式,恒德不贷;恒德不贷,复归于无极。"(为阅读方便,原文中别字异体字以常用字取代。)根据帛书,更能证明易说正确无误。第一,帛书正是"知其白,守其辱"相对。第二,没有"守其荣"一节。第三,帛书中多出"知其白,守其黑"一节,当系战国或汉初人所加。因为既有"知其白,守其辱",就不应有"知其白,守其黑";出现两个"知其白"极不合理。

④ 辱,黑也。《仪礼·士昏礼》"今吾子辱",郑玄注:"以白造缁曰辱。"朴,一切原材皆可称朴(参见十五章注)。复归于朴,如朴之浑厚。"知其雄,守其雌","知其白,守其辱",于雄于白则曰"知",于雌于辱则曰"守"。知者,内在蕴涵;守者,外在表现。此亦牝常以静胜牡之意。

⑤ 散,解开制作。朴散则为器,原材被解开即制成器皿。《淮南子·原道》"纯兮若朴",高诱注:"朴,玉朴也,在石而未剖。"《庄子·天地》:"百年之木,破为牺尊。"是未剖之玉曰朴,未开之木亦曰朴。牺尊,酒器,刻作牛形,凿背注酒。

⑥ 圣人用则为官长,王本"用"下有"之"字,此从《长沙马王堆汉墓帛书老子》乙本。两句"朴"与"圣人"相对,"散"与"用"相对,"为器"与"为官长"相对,无"之"字是。圣人,指有道之士。朴散则为器是比喻,圣人用则

为官长是正意。馀详星评。

⑦制，断也，裁断也。割，断也。按，"制"与"割"实同义。大制不割，谓最大的裁割就是不裁割，即无为而无不为，任其自然也。馀详星评。

★（一）本章老子表述其人生修养，处世之道。知其雄强，守其雌静；知其昭明，守其默塞，宁为天下之谿谷。谿谷的特点在于自处卑下而宽大为怀。王弼说，"谿不求物，而物自归之"，任其自然也。如此则常德不离，而保持其如婴儿璞玉之真淳。

（二）本章末段三句"樸散则为器，圣人用则为官长，故大制不割"，注家解说纷歧，莫衷一是。"大制不割"今人多谓"大制"指政治制度，谓"大制不割"为完善的政治制度是不割裂的，或谓以大道制御天下则无所割伤。实皆不得要领，且与全章内容没有联系。

按，"樸散则为器"，对樸就造成了破坏；"人用则为官长"，为官长则有为，皆与老子思想相违背。可知这两句话是从否定意义上说的。"大制不割"，制与割实同义，意谓最大的裁割就是不裁割，即任其自然，无为而无不为之意。《战国策·齐策四》颜斶曰："夫玉生于山，制则破焉，非弗宝贵矣，然大璞不完。士生于鄙野，推选则禄焉，非不尊遂也，然而神形不全。"颜斶这段话恰好说明"樸散则为器，圣人用则为官长"是从否定意义上说的，而与主张"守素抱樸""复归于樸"精神一致。本章末段三章中间有很大的跳跃。借用颜斶的话加以补足，文章就好理解了。老子的意思是：樸散则为器，然大璞不完；圣人用则为官长，然而神形不全。故大制不割，任其自然，而常德不离矣。

本章用韵：雌谿谿离儿（雌谿儿，支部；离，歌部） 辱谷谷足樸（屋部）

二十九章

将欲取天下而为之，吾见其不得已①。

天下神器②，不可为也，〔不可执也；〕为者败之，执者失之③。〔是以圣人无为故无败，无执故无失。〕④

故物⑤，或行或随，或嘘或吹⑥，或强或羸，或挫或隳⑦。是以圣人去甚，去奢，去泰⑧。

① 取，四十八章"取天下常以无事"，河上公注："取，治也。"为之，有所为。已，通"矣"。不得，不能。

② 神器，神圣之物。天下神器，犹言"天下，神器也"。

③ 为，作为，强力为之。不可执也，据刘师培《老子斠补》、易顺鼎《读老札记》说补。易说较详，其言曰："'不可为也'下当有'不可执也'一句。《文选·干令升〈晋纪总论〉》注引《文子》称老子曰：'天下大器也，不可执也，不可为也；为者败之，执者失之。'其证一。王注云：'故可因而不可为，可通而不可执也。'王注有，则本文可知。其证二。下篇六十四章云：'为者败之，执者失之。是以圣人无为故无败，无执故无失。'无为即不可为，无执即不可执。彼文有，则此文亦有。其证三。盖有'执者失之'二句，必先有'不可执也'一句，明矣。"执，持也，把持。四句意谓，天下不可强力为之，不可执意把持；强力为之者必败，执意把持者必失。

④ "是以圣人"二句十四字，六十四章文，据文义当为此章文字。"是以圣人无为故无败，无执故无失"，紧承上文"为者败之，执者失之"而来。故移入

本章。

⑤故，犹"夫"也，《景龙碑》《景福碑》即作"夫"。《长沙马王堆汉墓帛书老子》作"凡"。物，指人。

⑥或，犹今语"有的"。行，走在前。随，跟在后。或嘘或吹，《玉篇》引《声类》："出气急曰吹，缓曰嘘。"河上公《老子道德经》作"或呴或吹"，注："呴，温也。吹，寒也。"两义实相通：缓嘘则温，急吹则寒。呴，通嘘。

⑦羸，弱。或接或隳，王本作"或挫或隳"，此从《景龙碑》。接，《尔雅·释诂》："接，捷也。"《礼记·内则》"国君世子生，接以大牢"，郑玄注："读为捷；捷，胜也。"隳，败也。河上公《老子道德经》作"或载或隳"，注："载，安也；隳，危也。"蒋锡昌《老子校诂》曰：自"故物"以下四句，"皆所以明天下之人性，虽有种种之不齐，而圣人皆顺而不施，因而不为也"。

⑧甚，《广雅·释言》："甚，剧也。"此处犹言苛严。奢，《尔雅·释诂》"奢，胜也"，此为争胜之意。泰，《论语·子路》："君子泰而不骄。"《论语》用褒义，此用为贬义则骄纵之意。"去甚，去奢，去泰"，意即不苛严，不争胜，不骄纵。

★（一）本章之意，谓治天下必须无为，无执；为者败之，执者失之。世间事物本有各种情况，或先或后，或热或冷，或强或弱，或前或后，都属正常，应该任其自然，无为无执，不要过分苛求。

（二）"去甚，去奢，去泰"，河上公注："甚，谓贪淫声色；奢，谓服饰饮食；泰，谓宫室台榭。"河上之说，后世多有从之者，其实并不确切。全章之意，谓人本有各种情况，强弱先后，都属正常，不应过分强求。若照河上之说，解作具体生活享受，则上下文意不接。《老子》原文内涵丰富，过于指实，则限制了它的内涵，束缩了它的外延。

本章用韵：之已（之部） 败失（败，月部；失，质部） 随吹羸隳（歌部）

三十章

以道作人主者,不以兵强天下①。

其事好还②:师之所处,荆棘生焉;大军之后,必有凶年③。

故善者果而已,不敢以取强④。果而勿矜,果而勿伐,果而勿骄,果而不得已,果而勿强⑤。

物壮则老,是谓不道,不道早已⑥。

① 作,王本作"佐",此从《景龙碑》。以道佐人主者,臣下之事。以道作人主者,则人主本身之事。二者均可通,作"人主"更好;是否"以兵强天下",应由人主决定。人主,最高统治者。强,逞强。二句谓,以道作人主者,不以武力逞强于天下。

② 其事,指以兵强天下。好还,犹回还。好,亦有回还之义。《诗·周南·关雎》"窈窕淑女,君子好逑",毛传:"逑,匹也。"好逑,又作"好仇",《汉书·匡衡传》即引作"好仇"。《诗·周南·兔罝》"赳赳武夫,公侯干城""赳赳武夫,公侯好仇""赳赳武夫,公侯腹心",三章中"干城""腹心"为联合结构,按《诗经》体例,则"好仇"亦当为联合结构。"仇,匹也",匹,合也,回也。则"好"亦可训合也,回也,故"好还"亦即回还。朱谦之《老子释文》:"还,《释文》音旋。其事好还,谓兵凶战危,反自为祸也。"犹言得到报复,即下文之"荆棘生焉","必有凶年"。

③ 师,军队。荆棘生焉,由于战争破坏,致使人民流散,土地荒芜。凶年,饥荒之年。战争之后,生产破坏,人民饥荒,瘟疫流行,故曰凶年。

④故善者果而已，王本作"善有果而已"，河上公《老子道德经》作"善者果而已"，此从《景龙碑》。果，成也，犹言解决问题。取强，犹逞强。二句就用兵者而言，谓用兵最好的情况只是为了解决问题，如反击侵略，解除围困之类；而不是为了在天下逞强梁。王弼注："果，犹济也。言善用师者，趣以济难而已矣，不以兵力取强于天下也。"

⑤矜，自满。伐，夸耀。骄，骄横。已，太也，甚也。五句谓，如果问题已经解决，就不要自满，不要夸耀，不要骄傲，不要做得太过，不要逞强。

⑥物，泛指事物，内容随语言环境而不同，本章指"以兵强天下者"。壮，盛也。早，迟早。

物达到极盛就会衰老，这是不合于道的，不合于道迟早总会灭亡。王弼注："壮，武力暴兴，喻以兵强于天下也。飘风不终朝，骤雨不终日，故暴兴必不道，[不道]早已也。"

三句又见五十五章，文字略异。（"不道早已"之"早"，一般训"早，速也"，迅速之意。'不道'必然灭亡，却不一定迅速。解为迟早，"不道早已"谓不道迟早会要灭亡，更为准确。）

★本章表现老子的战争观。老子反对战争，反对"以兵强天下"。如果迫不得已进行战争，也只限于抵抗侵略，解除危难；反复强调，不要逞强，不要自满，不要骄矜夸耀，不要做得过分。"师之所处，荆棘生焉；大军之后，必有凶军"，这是老子目睹春秋时代战争给社会带来巨大灾难的如实描绘。"物壮则老，是谓不道，不道早已"，更是对"以兵强天下"者的严厉警告，已为历史上无数事实所证明。严复《老子道德经平点》曰："不道之师，如族庖之刀，未有不早已者也。中国古之以兵强者蚩尤尚已，秦有白起，楚有项羽，欧洲有亚力山大，有韩尼伯，有拿破仑，最精用兵者也，然有不早已者乎？曰好还，曰早已，老子之言，固不信邪？至有始有卒者，皆有果勿强而不得已者也。"严氏之说甚是，二十世纪德国法西斯、日本军国主义者，当其暴兴之时，气焰何等嚣张，简直要一口吞掉整个世界，然而终于彻底惨败，"不道早已"也。

― 三十章 ―

本章与下三十一章、四十六章、六十八章、六十九章，是老子论述战争的篇章，思想内容都一致。

本章用韵：者下（鱼部） 还焉年（还焉，元部；年，真部） 处后（处，鱼部；后侯部。"还焉年"与"处后"交错叶韵） 老道已（老道，幽部；已，之部）

三十一章

夫兵者不祥之器，物或恶之，故有道者不处①。

兵者不祥之器，非君子之器，不得已而用之②。

恬淡为上，胜而不美③。

而美之者是乐杀人。夫乐杀人者，则不可以得志于天下矣④。

吉事尚左，凶事尚右。君子居则贵左，用兵则贵右；偏将军居左，上将军居右⑤，言以丧礼处之⑥。

杀人众以哀悲莅之，战胜以丧礼处之⑦。

① 夫兵者，王本作"夫佳兵者"，诸本略同。王念孙《读书杂志》谓当作"夫佳兵者"。"夫佳"即"夫唯"，老子常用的关联词。《长沙马王堆汉墓帛书老子》甲、乙本作"夫兵者"，最佳，从之。兵，兵器，引申为用兵作战，即战争。器，物也，犹事也。"物或恶之"之物，人们。或，犹言往往，总是。句意谓，用兵作战为不祥之事，人们总是厌恶，故有道者不为。

② 不得已而用之，谓不得已才用兵。上章"善战者果而已"，王弼注为"济难"，即解决危难，亦即"不得已而用之"之意。

③ 恬淡，淡然之意。美，颂扬。二句谓，战争是不得已才进行，即使胜利了也不要颂扬，而应加以淡化。

④ "而美之者"三句，谓如果颂扬胜利，矜夸胜利，则是乐于杀人，而乐于杀人者不可能得志于天下。

⑤ 尚，以为重。尚左，春秋战国时代，中原各国皆尚右，惟楚人尚左。《左

三十一章

传》桓公八年，季梁曰："楚人尚左，君必左。"老子楚人，故文中尚左。居，平居，平时。凶事尚右，而用兵则居右者，是让用兵者记住用兵是不祥之事，不要逞强，不要乐于杀人。上将军负有主要责任，故上将军居右。——"君子居则贵左，用兵则贵右"二句，原在"故有道者不处"句下，文意隔断。移置"吉事尚左，凶事尚右"之后则文意畅达。三组句子排列有序："吉事尚左，凶事尚右"是一般原则；"君子居则贵左，用兵则贵右"是具体体现；"偏将军居左，上将军居右"是用兵贵右这一纲中之目。

⑥ 言以丧礼处之，此解释之所以用兵则贵右，之所以上将军居右，言以丧礼处之也。因军事乃不祥之事，故以丧礼对待。《诗经·小雅·裳裳者华》毛传："左，阳道，朝祀之事；右，阴道，丧戎之事。"亦以"戎"与"丧"并列。

⑦ 杀人众，王本作"杀人之众"，此从《长沙马王堆汉墓帛书老子》甲本，"杀人众"与"战胜"相对。莅，王本原作"泣"，盖"涖"字之误，字亦作"莅"。《长沙马王堆汉墓帛书老子》甲本作"立"为"莅"之音借，莅，临也，哭以吊之曰临。"哀悲"，他本多作"悲哀"。

★（一）夫兵者不祥之器，释"兵"为用兵作战，全章文意贯通。注家或训为兵器，故解释前后扞格。之所以泥为刀剑，以战争不得言器。按，"器，物也"，"物，事也"。皆常训。《国语·晋语六》"方事之殷也"，韦昭注："事，戎事也。"《吕氏春秋·音律》"无或作事"，高诱注："事，兵戎事也。"故释"兵"为用兵作战，正确无误。

（二）本章与上章旨意相同，以用兵为不祥之事，只是不得已才用兵。即使胜利也不要颂扬，因系不祥之事，故要以丧事对待。

（三）本章注家或以为非老子之文，或以为正文有王弼注文混入。此等猜疑，都无道理。其文章旨意，与《老子》整体思想一致。《长沙马王堆汉墓帛书老子》与王弼本基本相同，可见并无王弼注文羼入。李慈铭《订老子》、马叙伦《老子覈诂》、朱谦之《老子校释》皆为之重订经文，删汰甚多，三人所改又各不相同。其实文中除"兵者不祥之器"一句略嫌重复外，全章文意通顺畅达，不宜删削。对待经典，倘若发现文词确有错误，或语句确有错简，修正或调整，必须有足够的根据，切不可凭主观意志随意改动。如果谁都可以自我作古，张三如此改，李四那样删，古代经典将破坏不堪！清末以后，特别是"五四"以来，这种擅改古典文献的恶劣现象屡见不鲜，有的极为严重。有个叫秦维聪的人，在其所著《李耳道德经补正》书中，将《老子》改得一塌糊涂。这种做法，轻而言之，极不严肃；重而言之，是犯罪行为！

（四）"恬淡为上"，恬，安也，静也，"恬淡"为并列结构；恬淡为上，谓淡然处之是最好的对待。三十章"故善者果而已，不敢以取强"、六十八章"善战者不怒，善胜敌者不与"含义一致，其意为以不战而取胜为上，与下句"胜而不美"，即虽然胜利了也不颂扬不矜夸，意思也相衔接。——"恬淡"一词，《景龙碑》作"恬惔"，傅奕《道德经古本篇》作"恬憺"，音义都相同。河上公《老子道德经》作"恬恢"，"恢"疑为误字。《长沙马王堆汉墓帛书老子》甲本作"銛袭"，或识作"銛庞"，乙本作"銛龙"，则很难索解。劳健《老子古本考》谓"恬淡"二字"乃'銛锐'之讹，谓兵器但取銛锐，无用华饰也"，其说非是。劳氏泥于"兵"必指兵器，兵器无所谓"恬淡"，故擅改为"銛锐"，并无根据。而且只有用兵才有胜败可言，兵器无所谓胜败。以上句为"銛锐为上"，则与下句"胜而不美"文意也不合；擅改文字最不可取。

本章用韵：恶处（恶，铎部；处，鱼部） 已之（之部）

三十二章

道常无名朴,虽小天下莫能臣①。
侯王若能守之,万物将自宾②。
天地相合以降甘露,民莫之令而自均③。
始制有名,名亦既有,夫亦将知止,知止可以不殆④。
譬道之在天下,犹川谷之于江海⑤。

①名,名状也。无名朴,犹言无法形容之宝,极言道之至高无上。小,指道,"至小无内",幽微不可感知,故谓之小。即三十四章"可名于小"。道永远是一个无法形容之宝,虽极幽微而天下没有谁能臣服。(注家都以"无名"为没有名称,又多断作"道常无名,朴虽小"。道本无名,然老子已"字之曰道",不能说永远没有名称。"无名朴"是比喻,即三十七章所谓"无名之朴",不应逗断。"莫能臣"下王本有"也"字,此从《景龙碑》与《长沙马王堆汉墓帛书老子》甲乙本。)

②侯王,统治者。老子书中称统治者,一曰圣人,一曰侯王。两者有严格的区别:圣人是已经体道的统治者,侯王指应该体道的统治者;前者是老子崇奉的楷模,后者是老子告诫的对象。守之,守道。万物,各种事物,也包括侯王统治下的民众。宾,臣服。三十七章"道常无为而无不为。侯王若能守之,万物将自化",与此意同。

③民,此泛指人,犹言人们。天地配合以降甘露,人们谁也没有指使它而自然均匀,比喻侯王若能守道,万物也将自然宾服。这是老子把观察自然得来的规

律引入政治主张的典型例子。(民莫，用同《礼记·大学》"人莫知其子之恶"之"人莫"。"自均"者，甘露自均也。注家或解作"谁也没有命令而人民自均"，甚误，如此解释与上句脱节。)

④有名，指侯王之名。夫，彼也，指侯王。将，犹当也。止，足也。殆，危也。四句谓侯王始制，乃有名称，名称既有，然亦须知有所止足；有所止足，才能自我控制，不肆意妄为，才不致危败。

⑤在，犹"于"也。天下，谓天下万物。川，河流。谷，山间的小流。《尔雅·释水》："水注豁曰谷。"《说文·谷部》："泉出通川为谷。""川谷之于江海"为倒装句法，正常句式应为"江海之于川谷"。句意谓，用譬喻来说明道之于天下万物，就如江海之于千河万溪。道与江海相应，天下与川谷相应；道涵养天下万物，江海容纳千河万溪：比喻极为形象。二句实戒谕侯王，应当守道，使天下之民归之，若天下万物之涵容于道，如千河万溪之归于江海。

★（一）本章告诫天下侯王，必须守道无为，让"万物"自然宾服，自身亦应知所止足，才不至于危败。

（二）"天地相合以降甘露，民莫之令而自均"，这个极为形象的比喻，是老子说明无为而无不为的至理名言。

本章用韵：臣宾均（真部） 有止殆海（之部）

三十三章

知人者智,自知者明①。
胜人者有力,自胜者强②。
知足者富,强行者有志③。
不失其所者久,死而不亡者寿④。

①"知人者智"二句,知人难,自知更难;老子以知人为智,自知为明。按老子的概念,"明"高于"智"。"明智"一词即出于此。成语"自知之明"亦由此而来。

②"胜人者有力"二句,胜人难,自胜更难;老子以胜人为有力。而自胜为强。按老子的概念,"强"高于"有力"。词语"强有力"亦出于此。

③知足者富,知所止足就是富有。"富"为充实之意,非指财富。四十四章"知足不辱,知止不殆,可以长久",四十六章"故知足之足,常足矣",旨意与此一致。强行者有志,顽强坚持才算有志。

④不失其所,犹言不忘记自己的位置,亦即"去甚,去奢,去泰",不为过分之求,乃能长久。身死而道存,虽死犹生,就是长寿。

★本章论精神修养,要在善于控制自己。"自知者明","自胜者强"尤为千古名言。

本章用韵:明强(阳部) 富志(富,职部;志,之部) 久寿(久,之部;寿,幽部)

三十四章

大道氾兮,其可左右[①]。
万物恃之以生而不辞,成功遂事而不名有[②]。
衣养万物而不为主,可名于小;万物归焉而不为主,可名为大[③]。
以其终不自为大,故能成其大。

[①] 氾,水漫溢也。《释文》,"本又作汎"。大道氾兮,谓大道氾漫无边,无所不在。其可左右,言其可以自由运行,无所凝滞。王弼注:"言道氾滥无所不适,可左右上下周旋,而用则无所不至也。"

[②] 恃,依靠。以生,王本作"而生",此从《景龙碑》。辞,同"嗣",司也,主也;主宰。二章"万物作焉而不辞,生而不有,为而不恃,功成而弗居",与此相同。参见该章注。成功遂事而不名有,《景龙碑》作"成功不名有",王本作"功成不名有",《文选》刘孝标《辨命论》注引作"功成而不有",此从《长沙马王堆汉墓帛书老子》甲、乙本。按,名亦有也,占有之意。成语"一文不名",即一文钱也没有。成功遂事而不名有,即成功遂事而不自己占有;与"功成而弗居"内容完全相同。

[③] 衣养,衣之养之,养育之意。于,犹"为"也。道衣养万物而不为主,永远不见其实体,幽微至极,故可以说是"小"。万物归焉而不为主,其容量无穷,故可以说是"大"。衣养万物而不为主,就道施惠于万物言之;万物归焉而不为主,就万物涵容于道言之。("衣养万物而不为主"句下,原有"常无欲"三字。旧题顾欢《道德真经注疏》无此三字。奚侗《老子集解》云:"各本'可名于小'

— 三十四章 —

句上,误赘'常无欲'三字,谊不可通,兹从顾欢本删。"《敦煌唐写本老子残卷》丁本亦无此三字。无此三字,上下两句恰相对成文。)

★本章论述道之本质特性及其作用。充塞天地,无所不至;生成万物,而不居功;无为为之而无不为也。

本章用韵:右辞有(之部)

三十五章

执大象,天下往[1],往而不害安平太[2]。

乐与饵,过客止[3]。道之出口,淡乎其无味,视之不足见,听之不足闻,用之不足既[4]。

[1] 执,掌握。大象,四十一章"大象无形",是大象即道也。天下,天下之人。往,归往。掌握大道,则天下之人归往。

[2] 往而不害,天下归往而不为害。安,乃也。《管子·大匡》"必足三年之食,安可以其馀修兵革",又《山国轨》"民衣食而籴下,安无怨咎",又《内业》"其外安荣",戴望校正:"安训为乃。"平太,平和安泰。唐玄宗《御注道德真经》作"平泰"。"太""泰"字通。

[3] 乐与饵,音乐与美食。过客止,过客为之止步。出口,说出来。足,义同《国语·吴语》"不吾足也"之足,可也。既,尽也。用之不足既,即用之不可穷尽。谓"乐与饵",尚可以使"过客止";而"道"出于口,却"淡乎其无味,视之不足见,听之不足闻",而"用之不足既",后者自然重得不可比拟。

★本章谓掌握大道则天下归往。道不可感知而用之无穷。

本章用韵:象往(阳部) 害太(月部) 饵止(之部) 味既见(味既,物部;见,元部)

三十六章

将欲歙之,必固张之①;将欲弱之,必固强之;将欲废之,必固举之②;将欲夺之,必固与之③。

是谓微明,柔弱胜刚强④。

鱼不可脱于渊,国之利器不可以示人⑤。

① 歙(xī),收敛。"固"之为言姑也。张,扩张。

② 举之,王本及诸本并作"兴之"。劳健《老子古本考》谓:"兴"当作"举",与下句"必固与之"叶韵。劳说是。《长沙马王堆汉墓帛书老子》甲、乙本并作"与之"(下文"必固与之"作"必固予之"),古"与(與)""举(擧)"字通。

③ 将欲夺之,《韩非子·喻老》、《史记·管晏列传》索隐并引作"取之"。取,亦夺也。《战国策·魏策一》引《周书》曰:"将欲败之,必姑辅之;将欲取之,必姑与之。"《韩非子·说林上》所引同。《吕氏春秋·行论》引诗曰:"将欲毁之,必重累之;将欲踣之,必高举之。"与本段文字基本相同,知老子原有所本。

④ 微明,高延第《老子证义》:"首八句即祸福盛衰倚伏之幾,天地自然之远,似幽实明。'微明'谓微而显也。""是谓微明"应联系下句理解。句意谓,这就叫从幽微幾兆中得到认识,即柔弱胜刚强。

⑤ 脱,脱出、离开。渊,水潭。利器,喻权威,包括赏罚、筹谋等等。老子之意,谓赏罚、筹谋之类是统治者的权力,未发之前必须隐藏于心,不要轻易示

人，以免他人利用。如鱼不可脱出水潭，离水即失去生机。

★（一）本章表述老子的政治权术。从形式上看，"柔弱胜刚强"是"将欲歙之，必固张之；将欲弱之，必固强之；将欲废之，必固举之；将欲夺之，必固与之"的归纳；究其实质，前述诸端是"柔弱胜刚强"的演绎，是这一原则的具体运用，是老子为"侯王"设计的驾驭臣下与对付政敌的策略。

今古许多注家为维护老子哲学的超脱性质，往往曲为回护，不惜曲解经文。如宋董思靖《道德真经集解》云："所谓'必固'之者，犹言物之将歙，必是本来已张，然后歙者随之。"此抹去了原文中"将欲"二字，其为主观意愿，乖违原意甚明。近代曲为辩解者尤多。如陈鼓应说："'国之利器，不可以示人'，是说权势禁令都是凶利之器，不可以用来耀示威胁人民。"此等曲说，显非老子原意。老子主张"柔弱胜刚强"，目的还在于"胜"，只是以柔弱的方式胜之而已。老子是哲学家，同时致力于"圣人"统治之术，其为"侯王"献谋划策之语，全书随处可见。事实如此，不必为老子讳也。

（二）《庄子·胠箧》引用"鱼不可脱于渊，国之利器不可以示人"，郭象注："鱼失渊则为人禽，利器明则为盗资，故不可以示人。"成玄英疏："脱，失也。利器，圣迹也。示，明也。鱼失水则为物所禽，利器明则为人所执，故不可也。"注疏都以"鱼不可脱于渊"，谓鱼不可"失水"，即不可脱出水渊，理解正确。《韩非子·内储说下》："势重者，人主之渊也。臣者，势重之鱼也。鱼失于渊而不可复得也，人主失其势重于臣而不可复收也。"老子说的是鱼不可脱出离开水渊，韩非误解为鱼不可脱失放入水渊，理解错误。《喻老》解释此句，其误与此相同。

（三）《韩非子·喻老》曰："越王入宦于吴，而劝之伐齐以弊吴。吴兵既胜齐兵于艾陵，张之于江济，强之于黄池，故可制于五湖。故曰：'将欲歙之，必固张之；将欲弱之，必固强之。'晋献公将欲袭虞，遗之以璧马；知伯将袭仇由，遗之以广车。故曰：'将欲取之，必固与之。'"又曰："势重者，人君之渊也。君人者势重于人臣之间，失则不可复得也。简公失之于田成，晋公失之于六卿，而邦亡身死。故曰：'鱼不可脱于渊。'赏罚者，邦之利器也，在君则制臣，在臣则胜

— 三十六章 —

君。君见赏,臣则损之以为德;君见罚,臣则益之以为威。人君见赏而人臣用其势,人君见罚而人臣乘其威。故曰:'邦之利器,不可以示人。'"老子原旨的内涵较韩非的解释更为丰富,韩非的运用除"鱼不可脱于渊"误解外,对全章的理解符合老文的旨意。韩非把这种权术发挥到了极致。韩非是法家,其思想与老子迥异,但"创造性"地继承了老子的政治权术,并大加发挥。正是这一点联系,司马迁让韩非与老子同传。王国维深知韩非与老子高下悬殊,本质完全不同,在其《人间词话》蓦然来一句"古人以秦七黄九或小晏秦郎并称,不图老子乃与韩非同传"。顺手一挥,态度却极其鲜明。

本章用韵:张强(阳部) 举与(鱼部) 明强(阳部) 渊人(真部)

三十七章

道常无为而无不为①。

侯王若能守之，万物将自化②。

化而欲作，吾将镇之以无名之朴③。镇之以无名之朴，夫亦将不欲④。不欲以静，天下将自定⑤。

①常，犹言总是，永远是。无为而无不为，是老子哲学的重要命题，即任其自然之意。是老子对宇宙自然作用的认识，也是他的政治原则。三十二章云"天地相合以降甘露，民莫之令而自均"，是大自然无为而无不为的例证。五十七章云"我无为而民自化，我好静而民自正，我无事而民自富，我无欲而民自朴"，是政治上无为而无不为的内涵。六十四章云"以辅万物之自然而不敢为"（此句本帙已移入六十三章），是无为而无不为的另一表述形式。

②守之，即守道，亦即遵守"无为而无不为"的原则。万物，各种事物，也包括侯王统治下的民众，此处重在后者。自化，自然化育，自然发展。

③欲，私欲。作，发生，兴起。无名之朴，指道，即三十二章"道常无名朴"。参见该章注。镇，镇抚，安定。《广雅·释言》："镇，抚也。"镇之以无名之朴，即以道镇抚安定之。

④镇之以无名之朴，王本无"镇之以"三字，此从《长沙马王堆汉墓帛书老子》甲、乙本。夫，彼，指"欲作"者。亦，语助词。将，犹"当"也。将不欲，王本作"将无欲"，此从傅奕《道德经古本篇》与《景龙碑》，以与下文"不欲"一致。"不欲""无欲"义同。

⑤ 以，犹"则"也。定，安宁。

★老子认为，"无为而无不为"，是道发挥作用的方式，老子把这一原则引入人事，引入社会政治，谓侯王应遵守这一原则，任百姓自然化育。"万物将自化"与"我无为而民自化，我好静而民自正，我无事而民自富，我无欲而民自朴"，内涵一致；前者概而言之，后者详加诠释。

本章用韵：为化（歌部。为，音讹。化，音阿） 朴欲（屋部） 静定（耕部）

下篇

明王道《老子亿》云："至唐玄宗改定章句，始取篇首二字为义，以上篇言道，谓之'道经'，下篇言德，谓之'德经'。支离不通，殊失著书本旨。"王道之说极是。验之老子全书，并非前者言道，后者论德；分上为"道经"，下为"德经"，并不妥当。然河上公《道德经》亦以一章至三十七章为"道经"，三十八章以下为"德经"，必系后人据唐玄宗所分者用于河上公本。

三十八章

上德不德,是以有德;下德不失德,是以无德①。

上德无为而无不为②,下德为之而有不为③,上仁为之而无以为,上义为之而有以为,上礼为之而莫之应,则攘臂而扔之④。

故失道而后德,失德而后仁,失仁而后义,失义而后礼⑤。

夫礼者忠信之薄而乱之首⑥,前识者道之华而愚之始⑦。

是以大丈夫处其厚不居其薄,处其实不居其华⑧。故去彼取此⑨。

① "上德不德"四句,老子书中,道之体现为德。道是客观的存在,自然的法则,德指人之体道者。"上德"为最高的德。不德,不自以为德,故有德。《韩非子·喻老》:"上德不德,言其德不淫于外也。"下德则其次者。不失德,即自以为德,故实际无德,所谓"自是者不彰"也。

② 上德无为而无不为,王本作"上德无为而无以为",此从《韩非子·解老》引文,《文选·魏都赋》注引文及傅奕《道德经古本篇》。"无为而无不为"是老子最高政治原则,即任其自然,此为上德,不应作"无为而无以为"。

③ 下德为之而有不为,王本作"下德为之而有以为"。陶鸿庆《读老子札记》:"'以'字当作'不',与上句反正互明。"陶说是。下文"上义为之而有以为","下德"高于"上义",其表现不应相同。

④ 老子将人(实际是统治者)的修养行为分为五个层次:上德、下德、上仁、上义、上礼。上德"无为",下德、上仁、上义、上礼皆"为之"而有等差。析而言之:

"上德无为而无不为",任其自然,具有绝对的自由。

"下德为之而有不为",为之而有所不为,有自己可以控制的自由。

"上仁为之而无以为",以,因也,凭借也。无所因而为之,为之而不受客观限制。

"上义为之而有以为",有所因而为之,为之而且受客观控制。

"上礼为之而莫之应,则攘臂而扔之",为之而且强使他人为之。攘臂者,捋衣出其臂也。《孟子·尽心下》"冯妇攘臂下车",用义与此同。扔,强力牵引也。

⑤故,犹"夫"也。"失道而后德"四句与上五个层次相应;不失道者,上德也(文中没有出现,类推可得);失道而后得,实即失道而后下德;失德而后仁者,上仁也;失仁而后义者,上义也;失义而后礼者,上礼也。

⑥薄,浇薄。上礼于五个层次中为最下,强力而为,忠信浇薄而为祸乱之首。

⑦前识者,自以为有先见之明者,即"自是"者。华,虚华。愚,义同《吕氏春秋·勿躬篇》"幽诡愚险之言"之愚,邪伪也。"前识者"更在"礼者"之下,则只有道之虚华,无道之实有,而为邪伪之始。

⑧"是以大丈夫"二句谓,大丈夫立身处世,当处于淳厚不处于浇薄,处于朴实不处于虚华。

⑨去彼,去其薄,去其华。取此,取其厚,取其实。前文意思完足,"故去彼取此"五字实为赘文。

★老子认为,"无为而无不为"为道的本质表观,也是最高政治原则。根据这一原则,老子将人分为上德、下德、上仁、上义、上礼等不同层次。

本章用韵:德德德德(叠字为韵) 为为为为(叠字为韵) 应扔(蒸部) 薄华(薄,铎部;华,鱼部) 首始(首,幽部;始,之部)

三十九章

昔之得一者①,天得一以清,地得一以宁,神得一以灵,谷得一以盈,万物得一以生,侯王得一以为天下贞②。其致之一也③。

天无以清将恐裂,地无以宁将恐发,神无以灵将恐歇,谷无以盈将恐竭,万物无以生将恐灭,侯王无以为贞将恐蹶④。

①昔,往昔,自古以来。王弼注:"昔,始也。"一,道也。四十二章"道生一",则一为道的最初生成物。然在老子术语中,"一"往往即指道。《淮南子·诠言》:"一也者,万物之本也,无敌之道也。"《淮南子·原道》:"所谓一者,无匹合于天下者也。卓然独立,块然独处,上通九天,下贯九野,员不中规,方不中矩;大浑而为一,叶累而无根;怀囊天地,为道关门,穆忞隐闵,纯德独存;布施而不既,用之而不勤;是故视之不见其形,听之不闻其声,循之不得其身;无形而有形生焉,无声而五音鸣焉,无味而五味形焉,无色而五色成焉。是故有生于无,实出于虚。天下为之圈,则名实同居。"王弼注:"一,数之始而物之极也。"古汉语"一"表示两个概念,一是数学概念,数之始也;一是哲学概念,物之极也(即道)。王弼为"一"的含义作了准确的概括。

②清,清明。宁,稳定。灵,灵妙。谷,《尔雅·释水》:"谷,水注谿为谷。"《说文·谷部》:"泉出通川为谷。"此指地低洼之处。盈,充盈。生,滋生繁殖。贞,正也,严遵《老子注》、河上公《老子道德经》等即作"正";又,平也。正,既有君长之义,又有准绳、楷模之义,此处二义兼而有之。六句谓,天地万物得道才能存在,天得之因而清明,地得之因而稳定,神得之因而灵妙,谷得之因而

充盈，万物得之因而滋生，侯王得之因得作君长为民之楷模。老子的"道"是一种不可感知的客观存在，天地万物都由道所生。而对于人，体道即为德，道又成为一种抽象的精神力量，"侯王得一以为天下贞"即属于后者。

③其致之一也，王本只"其致之"三字，语意未完，此从傅奕《道德经古本篇》。王弼注："各以其一，致此清、宁、灵、盈、生、贞。"是王本原亦有"一也"二字。其，代指天、地、神、谷、万物、侯王。致，至也。之，犹"于"也。谓天、地、神、谷、万物，侯王皆至于道也。（古代注本"其致之"皆置于"侯王得一以为天下贞"之后，以总束上文。高亨《老子正诂》以之属于"天无以清将恐裂"之前，谓"致犹推也，推而言之如下文也"。张松如、陈鼓应并从之。然解说颇嫌勉强，又系臆度，并无根据，仍应以总上为当。王弼注"各以其一，致此清、宁、灵、盈、生、贞"，即以此总束上文。）

④裂，崩裂。发，动也，犹言爆发，如地震之类。歇，衰灭。竭，枯竭。灭，灭绝。蹶，颠蹶，垮台。本段谓，如果不"得一"，则天无以清明将恐崩裂，地无以稳定将恐爆发，神无以灵妙将恐衰灭，谷无以充盈将恐枯竭，万物无以生长将恐灭绝，侯王无以为楷模将恐败灭。"天无以清"六句无非说明一切皆离不开道。

★侯王无以为贞，王本作"侯王无以贵高"，此从范应元《老子道德经古本集注》。据前文内容，当作"为贞"。由于下文"故贵以贱为本。高以下为基"，作注者发现上下文意不连贯，乃改"为贞"为"贵高"，以与下文"贵"与"高"关联，其改易之迹甚明。然改易之后，破坏了上文的整体结构，更违背了老子原意。老子要侯王为天下贞，非要侯王自命"贵高"，自命"贵高"与老子守素抱朴的思想刚好相反；且与下文仍无法衔接。上段十五句谓天地万物皆原于道，下段七句属另一主题，两者不相关联，故将两段分开注释。

故贵以贱为本，高以下为基①。是以侯王自谓孤寡不穀②。此非以贱为本邪？非乎③？

— 三十九章 —

故至誉无誉④,不欲琭琭如玉,珞珞如石⑤。

① 本段原与上文连作一章,然本段与上文内容题旨不同,故分开注释。故,犹"夫"也。本,根本。基,基础。

② 先秦统治者常用"孤""寡人""不穀"作为谦称。寡,少也。寡人,犹言寡德之人。穀,善也。不穀,犹言不善之人。《礼记·玉藻》:"凡自称,小国之君曰孤。"然《左传》中大国之君亦自称孤。《左传》僖公十五年:"孤虽归,辱社稷矣。"孤,晋惠公自称。隐公三年:"先君舍与夷而立寡人,寡人弗敢忘。"寡人,宋穆公自称。僖公四年:"岂不穀是为,先君之好是继,与不穀同好,何如?"不穀,齐桓公自称。

③ "此非以贱为本邪?非乎?"傅奕《道德经古本篇》,范应元《老子道德经古本集注》作"此其以贱为本也,非欤?""此非以贱为本邪",用反问语气;"此其以贱为本也",用肯定语气,义实一致。

④ 故至誉无誉,王本作"致数舆无舆",舆字系"誉"字之误,此从吴澄《道德真经注》。至誉无誉,最大声誉就是没有声誉。《庄子·至乐》"至乐无乐,至誉无誉",成玄英疏:"至乐以无乐为乐,至誉以无誉为誉也。"

⑤ 不欲,不愿,不要。琭琭,玉美貌。珞珞,石坚貌。《景龙碑》作"落落",义同。玉,珍贵者也,不欲琭琭如玉,宁下贱不欲珍贵;石,坚强者也,亦不欲珞珞如石,宁柔弱不欲坚强。

★(一)本章前后两段内容题旨不同。前段谓天地万物皆原于道。后段"故贵"以下,言"贵以贱为本,高以下为基",故宁贱毋贵,宁下毋高。

(二)"不欲琭琭如玉,珞珞如石",二句注家大多解作"不欲琭琭如玉,宁欲珞珞如石",非是。"不欲"二字直贯两句,中间并无转折。添字作注,更为不当。王弼注:"玉石琭琭珞珞,体尽于形,故不欲也。"是王弼以"不欲"直贯两句,皆不欲也。《后汉书·冯衍传》"不琭琭如玉,落落如石",李贤注:"玉貌琭琭,为人所贵;石形落落,为人所贱。贱既失矣,贵亦未得,言当处才不才之

125

间。"李注虽不符老子原意,但也以"不"字直贯"碌碌如玉,落落如石"两句。注中"碌碌"通"琭琭","落落"通"珞珞"。

　　本章用韵:清宁灵盈生贞(耕部) 裂发歇竭灭蹶(月部) 誉誉(鱼部,叠字为韵) 琭玉(屋部) 珞石(铎部) 三句并句中叶韵

四十章

反者道之动[①]，弱者道之用[②]。
天地万物生于有，有生于无[③]。

①反者道之动，谓"反"是道的运动形式。老子所谓"反"包含两个意思：一是对立的事物可以向相反的方面转化。如二章"有无相生，难易相成，长短相形，高下相倾"，四十二章"道或损之而益，或益之而损"，五十八章"祸兮福之所倚，福兮祸之所伏"，均谓矛盾对立的双方，既相互依存，又可能互相转化。二是万物皆生于无，最终又归返于无。十四章"复归于无物"，十六章"夫物芸芸，各复归其根"，二十五章"大曰逝，逝曰远，远曰反"，均谓物终归于无。

②弱者道之用，谓"弱"是道的运用，即道以柔弱的特性发挥作用，三十六章"柔弱胜刚强"，四十三章"天下之至柔，驰骋天下之至坚"，七十八章"天下莫柔弱如水，而攻坚强者莫之能胜"，都是说明弱的作用。反之，老子认为"强"终归失败。四十二章"强梁者不得其死"，七十六章"强大处下，柔弱处上"，皆明此意。

③天地万物，王本原作"天下万物"，汉严遵《老子注》《敦煌唐写本老子残卷》并作"天地之物"。首章云："无，名天地之始；有，名万物之母。"天地与万物并提，故当作"天地万物"。无，道也，道无形无象，不可感知，故曰无。有，道之最初生成物，无以名之，乃名曰有。

★（一）本章可作老子之"道"的总纲。道之谓"无"，"无"乃生"有"，

"有"衍化滋生而为天地万物；故曰"天地万物生于有，有生于无"。"反"是道的运动形式，而"弱"是道的本性，道通过这种本性发挥作用。故曰"反者道之动，弱者道之用"。本章仅二十一字，已概括了老子之"道"的基本内涵。详见《老子与老子之道》。

（二）二〇一二年七月二日位于日内瓦的欧洲核子研究委员会宣布，他们发现了被称为"上帝粒子"的希格斯玻色子（Higgsboson）。这一消息立即震动了世界，被认为是二〇一二年物理学的最大发现，是人类认识微观世界的最新进展。

人类自进入文明之后即开始对宇宙万物的本原进行探索。通过长期的生产实践和科学研究，逐步认识了自然界的各种物质元素。十九世纪俄国化学家门捷列夫发现了元素周期律，发现元素的性质随着原子序数呈周期性变化，有规律可循，可知元素之间是有内在联系的。一百多年来，对物质内部结构的研究飞速地发展，由元素分子深入到原子，到原子内部的基本粒子，成就辉煌。

二十世纪六十年代，温伯格、萨拉姆等物理学家，基于杨—米尔斯的非阿贝尔规范场理论，逐步完成了现代最前沿的粒子理论标准模型。标准模型理论预言了62个基本粒子。经过科学家的长期努力，到一九九五年三月二日，美国费米实验室发现了顶夸克时，标准模型的62个基本粒子中61个已被证实，但最后一个即英国物理学家彼得·希格斯预言的粒子因此被命名为希格斯粒子却仍未被证实。

科学家们研究，希格斯粒子是物质的质量之源。它和电子、光子、夸克等基本粒子不同，它是个奉献者，是其他粒子静质量的来源。如果没有希格斯粒子，所有的基本粒子都是以光速在运动，没有质量，就难以存在由夸克形成的原子核，就不能形成原子，不能出现物质元素；自然就不会有世间万物，更不会有生命。

希格斯粒子的发现完善了粒子物理的标准模型，使这座粒子理论大厦得以矗立。标准模型的根基是量子场论，量子场论则是量子力学和狭义相对论的结合。在量子场论中，所有的粒子都是分布在全空间的场。场的最低能量状态叫"真空态"，随着能量的提高出现场的单粒子态、双粒子态、三粒子态等等。希格斯粒子在大型强子对撞机的撞击下引起电弱相互作用的对称性自发破缺；瞬间的破缺，

四十章

将质量赋予其他粒子。——希格斯粒子是如此重要,所以七月二日欧洲核子研究委员会宣布的发现才使世界物理学界如此欣悦。

根据爱因斯坦的相对论,我们生存的宇宙也是有范围的,也就有我们古代神话所说的"开天辟地"的过程。于是出现了宇宙如何产生的理论。其中大爆炸理论最为科学界所认可。说的是一百五十亿年以前或者更早的时候,发生大爆炸,"混沌初开",宇宙由此产生。我们不妨设想,正是希格斯粒子在大爆炸中赋予了其他粒子以质量,从而形成宇宙,产生万物。科学家们正是这样认为的,说希格斯粒子没有质量,却是质量之源。如果没有希格斯粒子就不会有质量,不会有恒星,不会有行星和原子,自然也不会有人类与世间万物。

希格斯粒子没有质量,却赋予其他粒子以质量,从而产生宇宙万物,这与老子"道生万物"的哲学在逻辑形式上如出一辙。《老子》二十五章云:"有物混成,先天地生。寂兮寥兮,独立而不改,周行而不殆,可以为天地母。吾不知其名,字之曰道。"老子认为宇宙的本原是一种"惟恍惟惚"的客观存在,他把它称之为"道"。道,"视之不见","听之不闻","搏之不得",是无法感知的,所以老子又把它称之为"无"。由无法感知的"道"产生天地万物。故本章云:"天地万物生于有,有生于无。"换言之,即"无生有,有生天地万物",亦即道生天地万物。这与一种本身无质量的粒子,却赋予其他粒子以质量从而产生宇宙万物,极其相似。

西方的许多学者,在论述原子、分子、基本粒子之类的理论时,往往同希腊哲学联系起来,认为哲学是自然科学的先导。其实老子以"道"这种抽象的、一般的东西为宇宙万物的本原,比希腊哲学中以宇宙的本原是水、是火之类具体的物质更合理,更"科学"。希腊德谟克里特认为世间一切的本原是"原子",西方的学者很容易将这个"原子"同构成物质元素的"原子"联在一起。其实这只是后者袭用前者的名词,两者的内涵并不相同。德谟克里特的"原子"同老子之"道"倒有点相似,他们可以说是东西辉映。

需要说明的是,本文所论并不是把希格斯粒子同老子之道等同起来。老子之道是两千五百多年前的古典哲学,而粒子理论是最前沿的现代自然科学。老子

"道生万物"的哲学是定型了的,永远给后人以启迪。而希格斯粒子理论是还要发展的,一些物理学家就认为希格斯玻色子并不是单一的粒子,粒子理论也不是到此即已经终结。对基本粒子再深入研究,说不定赋予其他粒子以质量的是另一种更神妙的东西。

自十六世纪文艺复兴以后,欧洲资本主义迅猛发展;而其时中华大地却仍在封建的迷雾里昏睡,因而无论政治文化思想还是科学技术都远远落后于西方。西方绅士们因此藐视中国,对中国的圣贤也加以否定。黑格尔在他的《哲学史讲演录》开篇讲的就是中国哲学,用那种不屑一顾的态度来看待孔子和老子,对孔子尽鄙夷刻薄之能事,说"为了尊重这位哲人,最好的方式是完全不读他的书"。而对老子更认为不值一提,说老子的话连意思都是不明确的。偏见比无知离真理更远,即使是黑格尔也不例外。遗憾的是近半个多世纪以来,特别是"四人帮"统治时期,我们自己对祖先的遗产也是无情地批判之后还是无情地批判,好像除了峻刻的法家以外就都是糟粕了。一个没有圣哲的民族是落后的民族,而无端否定本民族的古代圣哲的行为是极端愚蠢的行为。现在是纠正那种荒谬风气的时候了。对于老子,我们应该自豪地理直气壮地认定:这位道家祖师是人类历史上伟大的哲学家!

本章用韵:动用(阳部)

附记:

二〇一二年七月湖北人民出版社发来本书校样,当我校对结束刚将校样寄回出版社编辑部,得到一个惊人讯息,七月二日位于日内瓦的欧洲核子研究委员会宣布,发现了被称为"上帝粒子"的希格斯玻色子的存在。我看了简单的介绍,意识到这种能赋予其他粒子以质量的希格斯玻色子与老子"道生万物"的哲学思维逻辑形式极为一致。我写信向几位物理学家请教,想把这个问题弄清楚。有两位回了信,但都只百来个字,过于简单。之后在网上搜索到了好几篇文章,大致摸到了有关希格斯粒子的基本内涵。"大致"而已,真正弄懂不是我的能力

— 四十章 —

所能办到。我连夜写了一篇两千多字的短文,简要地叙述老子之"道"与希格斯粒子理论的逻辑联系,尽快发到出版社,请编辑先生补进四十章的星评。我想明年希格斯先生一定会获得诺贝尔物理学奖;不要待明年,当年冬天希格斯就获奖了。

书出版两年后,二〇一五年四月,从网上看到新浪科技讯,曰:"据国外媒体报道,物理学家发现,一种赋予宇宙中所有物质质量的基本粒子有朝一日也可能导致宇宙毁灭。这种粒子就是希格斯玻色子,即所谓'上帝粒子'。"又曰:"希格斯玻色子理论于上世纪七十年代创立,并于二〇一二年通过大型强子对撞机宣告发现。科学家认为该粒子的质量为125g电子伏。但希格斯玻色子的质量并非恒定不变。专家指出,希格斯玻色子也许日后会发生变化。由于宇宙中所有物质的质量均由希格斯玻色子赋予,这也许会使生命赖以存在的一切活动都土崩瓦解。这一变化会产生'负能量泡沫',我们了解的一切宇宙法则都将被其彻底破坏,而该泡沫还会不断扩张,直到吞噬整个宇宙。"讯息语焉不详,也没有说明来源,而且说的还是"也许";但有一点是明白的,即希格斯玻色子会发生变化,整个宇宙最终将会毁灭。

将这一理论前后的讯息联系起来,即希格斯玻色子赋予其他粒子以质量,"创造"了宇宙万物,而后又由希格斯玻色子产生的"负能量泡沫",使宇宙归于毁灭。这种对宇宙的物理学认识与老子所谓"天地万物生于有,有生于无",最终"复归于无物"的哲学思维完全一致。而老子生活在两千五百年前,能有这种思想真是人间奇迹,自无愧为"老子天下第一"!

有些善良的人士担心,宣传这种理论使人产生悲观情绪。如此忧虑没有必要。凡是发生的一切都必然灭亡,宇宙人生也没有例外。"科学"探索的是"客观实际",不是宣传,也不考虑谁是否悲观。正如人的生命总会结束,任何人不会例外;对死亡产生恐惧同样没有必要。庄子妻死,鼓盆而歌。曰:"察其始而本无生,非徒无生也而本无形,非徒无形也而本无气。杂乎芒忽之间,变而有气,气变而有形,形变而有生;今又变而之死,是相与春夏秋冬四时行也。"妻子死了,鼓盆而歌,未免不近人情,但庄子说的道理却是真实的。人生需要的不是忧伤宇宙人生是否最终都要结束，而是考虑如何生活得最为理想，和谐相处，平安幸福；不尔虞我诈，倾轧斗争。然而几千年的人类社会，何尝有几日安宁？封建主义的残暴统治，帝国主义的无情掠夺，极端主义的疯狂破坏，时至今日，在世界许多地方仍剧烈地进行，这才是最可悲的！

四十一章

上士闻道，勤而行之；中士闻道，若存若亡；下士闻道，大而笑之，不笑不足以为道①。

故建言有之②：明道若昧③，进道若退，夷道若纇④，上德若谷⑤，大白若辱⑥，广德若不足⑦，建德若偷⑧，质真若渝⑨，大方无隅⑩，大器晚成⑪，大音希声，大象无形⑫。

道隐无名⑬，夫唯道，善贷且善成⑭。

① 勤，《诗经·召南·江有汜》序"勤而无怨"，郑玄笺："勤者，心企望之。"犹言笃信。存，取之，信之。亡，舍之，疑之。大而笑之，王本作"大笑之"，此从王念孙《读书杂志》改。王氏之言曰："'大笑之'，本作'大而笑之'，犹言迂而笑之也。《牟子》引《老子》，正作'大而笑之'。《抱朴子·微旨篇》亦云'大而笑之'。"大，义同《庄子·逍遥游》"大而无当"之大，迂阔。七句谓，上士闻道，笃信而行之，中士闻道，将信将疑，下士闻道，以为空洞迂阔而笑之。道至为玄妙，为下士所非笑不足为怪，不被非笑反而不足以为道。

② 建，王弼注，"犹立也"。建言，犹成语。

③ 昧，暗也。

④ 夷，平也。纇（lèi），颇也，不平也。《左传》昭公十六年"刑之颇纇"，孔颖达疏："服虔读类为纇。解曰：颇，偏也。纇，不平也。"

⑤ 谷，谿谷低下，故有低下之义。

⑥ 辱，黑也。参见二十八章"知其白，守其辱"注。

⑦ 广，广博。广德，《庄子》《列子》并作"盛德"。

⑧ 建，读为健，刚健。偷，偷薄，浇薄。

⑨ 真，淳真。渝，污浊。

⑩ 隅，廉隅，棱角。

⑪ 晚，无也。成，成形也。大器晚成，谓大器无具体形体。方则有隅，而曰大方无棱隅，器必有形，而曰大器无形体。两者含义一致。馀详星评。

⑫ 建言十二句，谓明白之道似若幽暗，前进之道似若后退，平夷之道似若崎岖，高上之德似若低下，洁白之质似若污黑，广博之德似若不足，刚健之德似若偷薄，真淳之质似若污浊，最方之物没有棱隅，最大之器没有形体，最大声音没有声音，最大形象没有形象。总谓道至高至大，微妙玄通，而表现至为幽隐。

⑬ 名，明也。无名，即不炫耀显扬。

⑭ 贷，施也。成，终也。道幽隐而不显扬，然正是道善于施予万物，且有始有终。（善贷且善成，王本作"善贷且成"，此从范应元《老子道德经古本集注》。王弼注"无物而不济其形，是曰善成"。是王本原亦作"善贷且善成"。）

★（一）本章引用"建言"，充分表述道的特性，最后归结为"道隐无名"，即道幽隐而不显扬，却有极大的作用，善施予万物，且有始有终。

（二）"明道若昧，进道若退，夷道若纇；上德若谷，大白若辱，广德若不足，建德若偷，质真若渝；大方无隅，大器晚成，大音希声，大象无形"，其中"大白若辱"高亨疑当在"大方无隅"句上，理由是"用德字诸句相依，用大字诸句相依"。张松如《老子校读》、陈鼓应《老子注释及评介》并照高说移易。按，高说甚误，此句并未错简。建言十二句分两种句型，"明道若昧，进道若退，夷道若纇，上德若谷，大白若辱，广德若不足，建德若偷，质真若渝"八句为一类，"大方无隅，大器晚成，大音希声，大象无形"四句为一类。"大白若辱"属"某某若某"一类，而不属从"大"字相依一类。前八句中，明与暗，进与退，夷与纇，上与谷，白与辱，广与不足，建与偷，真与渝，皆一一相对。倘若移"大白若辱"归"大方无隅"一类，则搅乱了这种对应关系。此其一。十二句分四组用韵，"昧

四十一章

退颣"三字物部,"谷辱足"三字屋部,"偷渝隅"三字侯部,"成声形"三字耕部。倘若移"大白若辱"于"大方无隅"之前,则搅乱了井然有序的韵读。此其二。《庄子·寓言》引老子曰:"大白若辱,盛德若不足。"《列子·黄帝》引老子亦作"大白若辱,盛德若不足",知战国时人所见本如此。《长沙马王堆汉墓帛书老子》此句位置与今本无异,知汉代人所见本如此。此其三。由此可证,此句位置无误,绝未错简,不应移动。对待经典,无根据的怀疑已属不当,无根据的改动更加错误。

(三)大器晚成,古今注家均以"晚"为迟晚之意,谓大器晚而后成。此用常训,在本句似亦通顺,但与前后文谊不相协调。《说文》:"晚,莫也。""莫,日且冥也。"莫,同暮。段玉裁注"莫"字云:"引申之为有无之无。"则"晚"亦可引申为无。又,"晚,从日,免声。"免,去也。日免为晚,即日去为晚,去则无矣,由此亦可得"晚"有"无"义。此其一。释"大器晚成"为大器无具体形体,乃与"大方无隅""大音希声""大象无形"含义相类,若释为"后成",则与"无隅""希声""无形"内涵迥异。此其二。老子哲学的精义在于因顺自然,故主张"无为""无事",并不涉及谁功成名就的迟早。大器无具体形体,则与"无为""无事"之旨相合;释为"后成",则与"无为""无事"之旨相违。此其三。《长沙马王堆汉墓帛书老子》甲乙本,此句并作"大器免成"。《玉篇·儿部》:"免,去也。"如前所述,去则无矣,正大器无形体之意。此其四。(成语"大器晚成"谓功成名就较晚,正是后人误解《老子》的结果;既已成为常语,使用固亦无妨,但并非《老子》原意。)

(四)道隐无名,注家多释"名"为名称,非是。道幽隐而不外炫,正是建言十二个命题的总括。老子已明白宣告,他的哲学范畴"字之曰道"。既已有"道"之名,又说没有名称,则自相矛盾,如此注解其错误甚明。《史记》老子传,谓"其学以自隐为务","无名"亦不炫耀显扬之意。

本章用韵:行亡(阳部) 笑道(笑,宵部;道,幽部) 昧退颣(物部) 谷辱足(屋部) 偷渝隅(侯部) 成声形(耕部) 名成(耕部)

四十二章

道生一，一生二，二生三，三生万物①。
万物负阴而抱阳②，冲气以为和③。

①"道生一"四句，《庄子·知北游》："通天下一气耳，圣人故贵一。"《淮南子·天文》："道曰规始于一。一而不生，故分而为阴阳，阴阳合和而万物生。故曰道生一，一生二，二生三，三生万物。"据此，则一为道之最初生成物；一分为二，阴与阳也；阴阳合和而产生第三者，如此衍化而生万物。

（在老子道家术语中，"一"代指道。如《老子》十章"营魄抱一"、二十二章"圣人抱一"，《淮南子·原道》"所谓无形者，一之谓也"，又，《诠言》"一也者，万物之本也，无敌之道也"，"一"皆指道。但本章云"道生一"，"一"指道之最初生成物。概念不完全统一。）

②万物，一切物。万物负阴而抱阳，《淮南子·精神》引作"万物背阴而抱阳"，高诱注："万物以背为阴，以腹为阳。"负、背同义。句意谓天下万物都有阴阳两面。

③冲气以为和，蒋锡昌《老子校诂》："四章'道冲而用之或不盈'之冲，当作盅，此冲当从本字。《说文》：'盅，器虚也。''冲，涌摇也。'二谊不同。道之盈虚，譬之为气，故用盅。阴阳精气，涌摇为和，故用冲。此其别也。"冲气以为和，谓阴阳之气互相激荡以达到和谐（而生万物）。《淮南子·天文》："道始于一，分而为阴阳，阴阳和合而万物生。"《庄子·田子方》："至阴肃肃，至阳赫赫，肃肃出乎天，赫赫出乎地，两者交通成和而物生焉。"皆可作"冲气以为和"

四十二章

的注脚。

★本章前后两段表达不同的主题,故分开注释。

前段"道生一"六句,用数字表示"道生万物"的过程,是老子宇宙万物生成论的代数式,即四十章"天地万物生于有,有生于无"的又一表达方式。"道"即是"无","一""二"则"有"也。"二"乃生"三",再衍化而生天地万物。

人之所恶,唯孤寡不穀,而王公以为称①。
故物,或损之而益,或益之而损②。
人之所教,我亦教之:"强梁者不得其死③。"吾将以为教父④。

① 孤、寡、不穀,先秦统治者用作谦称。参见三十九章注。
② 故,犹"夫"也。事物有时减损反而得到增益,有时增益反而成为减损,损益可以相互转化。
③ 强梁,凶横有力。"强梁者不得其死",老子称为"人之所教",或系当时成语。此语又见《说苑·敬慎》所载周庙《金人铭》。
④ 父,本也,与一章、二十章之"母"同义。教父,为教之本。强梁者不得其死,反之即柔弱者乃得以生,老子为教之本如此。

★后面"人之所恶"一段,谓柔弱为本,乃生存之道,而"强梁者不得其死"。

本章无韵。

四十三章

天下之至柔,驰骋天下之至坚①。无有入无间②,吾是以知无为之有益③。

不言之教,无为之益,天下希及之④。

① 驰骋,使之驰骋,犹言驱使、制驭。天下之至柔,道也。道可以制驭天下之至坚。七十八章"天下莫柔弱于水,而攻坚强者莫之能胜,其无以易之",即以水为喻,说明"天下之至柔,驰骋天下之至坚"。

② 无有,没有体积,天下之至柔也。无间,没有空隙,天下之至坚也。王弼注:"虚无柔弱,无所不通。"河上公注:"无有,谓道也。道无形质,故能出入无间,通神明,济群生也。"

③ 前两句述道之本性,自然之理,此句用于人事,得出"无为"乃最有益的结论。

④ 教、益,二字互文。柔弱胜刚强,"不言""无为"最为柔弱,故其教益天下希有及之者。"教益"一词即出于此。

★本章由至柔攻至坚,柔弱胜刚强的自然之理,推衍出"无为之有益"的原则。二章"圣人处无为之事,行不言之教",与此章同。参见八章、七十八章注。

本章用韵:坚间(坚,真部。间,元部) 益及(锡部)

四十四章

名与身孰亲？身与货孰多？得与亡孰病①？
是故甚爱必大费，多藏必厚亡②。
知足不辱，知止不殆，可以长久③。

① 名，声名。身，生命。亲，爱重。《说文》："亲，至也。"《孟子·滕文公》"信以为人之亲其兄之子"，赵岐注："亲，爱也。"货，财货也。多，重也。亡，失也，引申为损害之意。三句皆以"身"与"名""货"相对。谓名与身哪一个更值得爱重？货与身哪一个更为重要？得到声名财货与损害自身哪一个更为有害？答案不言自明。

② 是故，所以。费，义同《吕氏春秋·禁塞》"费神伤魂"之费，损也，伤也。"甚爱"句承"名与身孰亲"，"多藏"句承"身与货孰多"，谓过分爱重声名必带来极大的损伤，过多贮藏财货必造成重大的损失。

③ 殆，危也。知足不辱，谓不甚爱声名则不受辱；知止不殆，谓不多藏财货则不危败。如此，身乃可以长久。

★本章谓人应重生命不重声名财货；知足知止，不贪名爱货，乃可长久。

本章用韵：身亲（真部） 货多（歌部） 亡病（阳部。病，音旁） 爱费（物部） 藏亡（阳部） 足辱（屋部） 止殆（之部） 以久（之部） 本章八句并句中叶韵

四十五章

大成若缺,其用不弊;大盈若冲,其用不穷①。

大直若屈,大巧若拙,大辩若讷②。

静胜躁,寒胜热③,清静为天下正④。

①成,通"盛",满也。缺,欠缺。弊,义同《管子·侈靡》"不弊而养足"之"弊",竭也。盈,《说文》,"器满也"。此取其满义。冲,通"盅",《说文》:"盅,器虚也。"此取其虚义。穷,尽也。四句谓,最完满者似有所欠缺,其功用却永不衰竭;最充盈者似甚为空虚,其功用却永无穷尽。此指道的功用,亦指有道者的修养。

②屈,弯曲。拙,笨拙。辩,善于言辞。讷,拙于言辞。三句谓,最直者有似弯曲,最巧者有似笨拙,最善辩者有似口讷。

③"静胜躁,寒胜热",王本原作"躁胜寒,静胜热",此生活常情,而非老子思想。二十六章云"静为躁君",此静胜躁也。《淮南子·诠言》:"后之制先,静之胜躁,数也。"语必原于老子。又六十章王弼注"躁则多害,静则全真",六十一章王弼注"雄躁动贪欲,雌常以静,故能胜雄也",七十二章王弼注"离其清静,行其躁欲",皆静躁对举。此三句,"静"与"寒"相应,"躁"与"热"相应;"静""寒"与"清静"相应。"静胜躁,寒胜热",故"清静"乃"为天下正"。蒋锡昌《老子校诂》谓二句当作"静胜躁,寒胜热",其说甚是。在老子的概念中,静指潜移渐进的变化,躁指剧烈急进的运动。老子认为潜移渐进的变化,胜过剧烈急进的运动,故曰"静胜躁"。"静胜躁"是正意,"寒胜热"是比拟。详

— 四十五章 —

见《老子与老子之道》。

④ 正，平也，犹准则，法式。清静乃可以为天下之法式。

★老子所谓的"清静"是有道之士的品性、修养。十五章云："古之善为道者，微妙玄通，深不可识。""豫焉若冬涉川，犹兮若畏四邻，俨兮其若客，涣兮若冰之将释，敦兮其若朴，旷兮其若谷，混兮其若浊。"本章云："大成若缺，大盈若冲，大直若屈，大巧若拙，大辩若讷。"老子如此曲喻详说，概而言之，谓之"清静"。此等品性，其行事处世，如静之胜躁，寒之胜热，故可以为天下正。

本章用韵：缺弊（月部） 冲穷（冬部） 屈拙讷（物部） 清静正（耕部，本句首尾叶韵）

四十六章

天下有道，却走马以粪①；天下无道，戎马生于郊②。
罪莫大于可欲，祸莫大于不知足，咎莫大于欲得③。
故知足之足，常足矣。

① 天下有道，谓太平之世。却，退也，还也。却走马，退还征用之马。陆德明《释文》谓"却，除也"。义亦相通。《韩非子·喻老》："天下有道无急患则静，遽传不用，故曰'却走马以粪'。"粪，义同《孟子·滕文公》"凶年粪其田而不足"之粪，赵岐注："粪，治其田。"天下有道之世，战伐不兴，故不用征战之马，而使之为农夫耕田。

② 天下无道，谓战乱之时。戎马，战马。戎马生于郊，桓宽《盐铁论·未通篇》："往者未伐胡越之时……农夫以马耕载，而民莫不骑乘。当此之时，却走马以粪。其后师旅数发，戎马不足，牸牝入阵，故驹犊生于战地。"谓天下无道，怀胎牝马亦应征入阵，故驹犊生于战地。

③ 罪莫大于可欲，此句王本缺漏。《长沙马王堆帛书老子》甲、乙本，河上公《老子道德经》，《敦煌唐写本老子残卷》，《景龙碑》，《景福碑》，《韩非子·解老》《喻老》引文，皆有此一句。可，用也。可欲，犹言逞其欲望。祸，灾祸。咎，罪过。三句谓，战争造成灾祸，在于统治者逞其欲望，不知满足，贪得无厌。

★（一）老子反对战争，当然是反对侵略战争。本章"罪莫大于可欲，祸莫大于不知足，咎其大于欲得"，可知"天下无道"指对外进行掠夺。

四十六章

（二）"天下有道，却走马以粪；天下无道，戎马生于郊"，以马的境遇说明天下战乱抑或清平甚为典型；马的境况如此，人民的命运可想而知。第二次世界大战，德国法西斯一次对集中营的犹太人进行大屠杀，一名犹太妇女先天晚上生了一个婴儿，这个孩子的生命还不到一天即被杀死。这是天下无道，婴孩生于集中营而且被杀害，较之"戎马生于郊"惨剧何啻千万倍！

（三）"咎莫大于欲得"，《韩非子·喻老》引作"咎莫憯于欲得"。《说文》："憯，痛也。"司马迁《报任安书》"故祸莫憯于欲利"，即本于此。

本章用韵：道郊（道，幽部；郊，宵部）

四十七章

不出户，知天下；不窥牖，见天道①。

其出弥远，其知弥少②。

是以圣人不行而知，不见而名，不为而成③。

① 户，门。窥，从缝隙探看。牖，窗。见，亦知也。四句谓，不出门户，即能了解天下；不望窗外，即能认识天道。

② 弥，愈也。二句谓，外出越远，知识越少。

③ 名，明也。三句谓，圣人不用实践而自然知道，不需看到而自然明白，无为而无不为，任其自然功成。

★本章所述的认识论仍然贯彻老子任其自然，无为而无不为的原则。但老子否定实践在认识中的作用，认为单凭理性即可了解世界，这种认识的错误是显而易见的。不通过实践，没有感性的基础，所谓理性必然是空的。老子"无为而无不为"的思想，是他对大自然的感受中得来，用之于社会政治，是要求统治者不要扰乱百姓，任其自然，可谓用心良苦。但将"无为而无不为"的观念用之于认识世界，认为不出户可以知天下，不窥牖可以见天道，乃成为荒谬。

本章用韵：户下（鱼部） 牖道（幽部） 名成（耕部）

四十八章

为学日益,为道日损①。

损之又损,以至于无为;无为而无不为②。

取天下常以无事,及其有事,不足以取天下③。

① 为学,从事于学;为道,从事于道。益,增加;损,减少。二句谓,为学则日益增加知识智慧,为道则日益减少知识智慧。三章云:"是以圣人之治,虚其心,实其腹;弱其志,强其骨。常使民无知无欲,是夫智者不敢为也。"十九章云:"绝圣弃智,民利百倍。""少思寡欲,绝学无忧。"前后思想一致。

② 三句紧承"为道日损",谓减损而又减损,以达到"无为",则"无为而无不为"。

③ 取,治也。无事,即无为。及,若也。三句谓,治天下永远以无为;如果有为,则不足以治天下。

★(一)本章紧承上章,谓从事于道,必须"无为而无不为"。所谓"无事",亦即无为,即任其自然。用之于政治,即不苛扰百姓,如五十七章所云,"我无为而民自化,我好静而民自正,我无事而民自富,我无欲而民自朴"。所谓"有事"则恰好相反,统治者苛政烦扰,使百姓不得安生;"国家昏乱","法令滋彰",如五十三章所云,"朝甚除,田甚芜,仓甚虚;服文采,带利剑,厌饮食,财货有馀";如此"有事",则"不足以取天下"。

(二)但错误也与上章相同。否认"为学",否认知识智慧,既违背社会生活的常情，也违反人们认识世界的规律。

本章无韵。

四十九章

圣人无常心，以百姓之心为心[1]。

善者吾善之，不善者吾亦善之，德善。

信者吾信之，不信者吾亦信之，德信[2]。

圣人在天下歙歙焉，为天下浑浑焉[3]。

百姓皆注其耳目，圣人皆孩之[4]。

[1] 常心，犹《庄子·齐物论》之"成心"。无常心，即无成心，无主观固执之心。以百姓之心为心，王本原作"以百姓心为心"，此从《太平御览》卷四百一引文。——无常心，《马王堆汉墓帛书老子》乙本作"恒无心"。《庄子·知北游》"一不化"，成玄英疏："常无心，故一不化。"成疏用《老子》语，则成所见本作"常无心"。河上公《老子道德经》、顾欢《道德经注疏》、《景龙碑》、傅奕《道德经古本篇》、范应元《老子道德经古本集注》并作"无常心"。揣文意，仍以"无常心"为优。

[2] 德，通"得"。六句谓，百姓之善良者，我以善良之心待他们；百姓之不善良者，我也以善良之心待他们。如此我也会得到他们的善良之心。百姓之诚信者，我以诚信之心待他们；百姓之不诚信者，我也以诚信之心待他们。如此我也会得到他们的诚信之心。二十七章"圣人常善救人，故无弃人；常善救物，故无弃物"，亦即此意。

[3] 歙歙焉，王本无"焉"字。浑浑焉，王本作"浑其心"。此从傅奕《道德经古本篇》。在，于也，犹言对于。歙歙焉，和顺之貌。浑浑焉，浑厚之貌。王弼

注:"圣人之于天下歙歙焉,心无所主也,为天下浑心焉,意无所適莫也。"心无所主,即"圣人无常心,以百姓之心为心"。意无所適莫,即无厚此薄彼之意,亦即"善者吾善之,不善者吾亦善之","信者吾信之,不信者吾亦信之"。二句之意,即欲以和顺宽厚无执无颇的态度对待百姓。

④ 百姓皆注其耳目,此句王本缺,据河上公《老子道德经》、《景龙碑》等补入。王弼注有"百姓各皆注其耳目焉",是王本原有此一句。注,河上公注,"用也"。用其耳目,即明察是非。末二句谓,百姓皆用其耳目,斤斤计较是非得失,圣人宽厚,皆以对待儿童一样对待他们。王弼注:"皆使和而无欲,如婴儿也。"

★本章所述为老子理想的统治者,他们善待百姓,信任百姓,因而也得到百姓的善待和信任。老子曾说,"圣人不仁,以百姓为刍狗",即任其自然,不多干扰。但在本章中,老子提出,"圣人无常心,以百姓之心为心。善者吾善之,不善者吾亦善之,德善;信者吾信之,不信者吾亦信之,德信"。这位哲人毕竟不能离开百姓,在这里我们看到了一个坦荡淳真,有像婴儿一样的老子!

本章无韵。

五十章

出生入死①。生之徒十有三,死之徒十有三,人之生动之死地亦十有三②。

夫何故?以其生生之厚③。

盖闻善摄生者,陆行不遇兕虎,入军不被甲兵,兕无所投其角,虎无所措其爪,兵无所容其刃④。

夫何故?以其无死地⑤。

① 出生入死,王弼注:"出生地,入死地。"谓人离开生路,即进入死路。言外之意,谓是出生路,还是入死路,在于自己怎么走。

② "生之徒"之生,指得到正常的寿命。"死之徒"之死,指未到正常的寿命即夭亡。徒,"途"之本字,道路。十有三,王弼注:"犹云十分有三分。"其义略同于三分之一。动,自动。之,往,走向。"人之生"实通贯"生之徒十有三,死之徒十有三","动之死地亦十有三",强调后者,故置于"动之死地"之前。三句谓,人之生,可能生之路十之三,可能死之路十之三,自动走向死亡之地者亦十之三。

③ 夫,那,指"动之死地"。夫何故?针对"动之死地"发问。回答是,"以其生生之厚"。生生,犹养生。"之厚"之"之"犹甚也。之厚,太厚。生生之厚,包括贪得无厌地追求权势、财货与生活享受。九章云:"金玉满堂,莫之能守。富贵而骄,自遗其咎。"十二章云:"五色令人目盲,五音令人耳聋。五味令人口爽,驰骋畋猎令人心发狂,难得之货令人行妨。"皆属"生生之厚"而致祸者。七十五章"民之轻死,以其上生生之厚,是以轻死",亦是此意。注家多以奉养过厚,逞

于声色为解。未全谙老子之意,老子"生生之厚"的内涵要深广得多。后文"善摄生者",关键在于不自处于死地,不只是薄于奉养而已。

④摄,护养。摄生,犹养生。兕,野牛。被,受。甲,铠甲。兵,兵器,刀剑之类。刃,刀尖。"兕虎",指兕与虎两者,故下文以"兕无所投其角,虎无所措其爪"承之。"甲兵",复词偏义,单指兵器,故下文只以"兵无所容其刃"承之。

⑤夫,那,指"兕无所投其角,虎无所措其爪,兵无所容其刃"。末二句即前文的解答。兕虎刀兵之所以不能为害,并非有任何法术,而是不自处于死地。《庄子·秋水》北海若曰:"至德者,火弗能热,水弗能溺,寒暑弗能害,禽兽弗能贼。非谓其薄之也,言察乎安危,谨于去就,莫之能害也。"这段话是老子"以其无死地"最好的解释。

★(一)出生入死,《韩非子·解老》云:"人始于生而卒于死,始谓之出,卒谓之入,故曰出生入死。"后世注家从韩说者甚多。如元吴澄《道德真经注》云:"出则生,入则死;出谓自无而见于有,入谓自有而归于无。"蒋锡昌《老子校诂》云:"此言人出于世为生,入于地为死。"近代注家仍如此解释者比比皆是。按,韩说实非,王弼注是。老子此段文章,要在指出"生生之厚"是自动走入死地,故开头即说人离开生路就走入死地。魏源《老子本义》:"出乎生则入乎死,二者听人之自择。而人之生也动之死地,皆去生而就死也。"魏说得王注之旨。如解作"出于世为生,入于地为死",则是废话,何需老子论说,且与下文毫无联系。

(二)人生本多危难,而"生生之厚",适足以致死。善摄生者,见素抱朴,少私寡欲,不自处于死地。"出乎生则入乎死,二者听人之自择;而人之生也动之死地,皆去生而就死也",魏源会领了老子的旨意,对人们如何对待人生,有极大的教益。

(三)成语"出生入死"意谓历尽艰险,出入于生死之间。用老子词语,而非老子原意。

本章无韵。

五十一章

道生之，德畜之①；物形之，势成之②，是以万物莫不尊道而贵德。

道之尊，德之贵，夫莫之命而常自然③。

故道生之④，德畜之；长之育之，亭之毒之，养之覆之⑤。生而不有，为而不恃，长而不宰，是谓玄德⑥。

①"道生之"四句均对下文的"万物"而言。道之体现为德，然本章"德""道"实同义。畜，养也。万物，道生长之，德养育之。二句义实一致。老子之道，是宇宙间一种无所不在却无法感知的客观存在，是自然的，故又成为自然的同义语。

②物形之，因物而赋形。势成之，因势而成形。"形"与"成"同义。势，指自然之势。"道生之，德畜之；物形之，势成之"，四句结构相似，然四者不能平列，四句分前后两组。本章旨在说明道生万物，即所谓"道生之，德畜之"。然万物何以千差万别，盖"物形之，势成之"，即物自得其形，势自然而成，非有意为之。《淮南子·原道》："夫萍树根于水，木树根于土。鸟排虚而飞，兽蹠实而走，蛟龙水居，虎豹山处，天地之性也。两木相摩而然，金火相守而流，员者常转，窾者主浮，自然之势也。是故春风至则甘雨降，生育万物，羽者妪伏，毛者孕育，草木荣华，鸟兽卵胎，莫见其为者，而功既成矣。""由此观之，万物固以自然，圣人又何事焉。"这段话可作为"物形之，势成之"的解说，更是"莫之命而常自然"的最好注脚。清人袁枚《游黄龙山记》论山之成形，认为山之所以有各种奇形怪状，乃天地开辟之初，物质运动变化而自然形成，非造物者有意为

之,就像小孩将熔锡投于水中也可以出现各种形状一样。袁氏所说的道理,是老子"物形之,势成之"的最好例证。"道生之,德畜之",说的是万物生成的必然;"物形之,势成之",说的是万物成形的偶然。

③莫之命而常自然,没有谁来命令,而永远是自然而然。大自然的规律是"莫之命而常自然",亦即"无为而无不为"。三十二章"天地相合以降甘露,民莫之令而自均",即莫之命而常自然的实例。

④故,犹"夫"也。

⑤长之育之,生长养育。亭之毒之,成长繁殖。亭,成也。毒,《说文》:"毒,厚也。害人之草,往往而生。"据此,则毒字系由草滋生繁茂得义,引申而有凡厚之称。此处实与"成"同义,成熟之意。河上公《老子道德经》、敦煌古写本《太上玄元道德经》残卷、《景龙碑》、唐玄宗《御注道德真经》即作"成之熟之"。魏源《老子本义》引毕沅曰:"亭、成、毒、熟,声义相近。"养之覆之,爱养保护。养之,傅奕《道德经古本篇》作"盖之",更为准确。这三句,"生之"与"畜之"同义。"长之"与"育之"同义,"亭之"与"毒之"同义。作"盖之",则与"覆之"同义,并护荫之意。

⑥有,占有。恃,恃以为德。宰,主也。玄,《说文》,"幽远也"。玄德,幽远之德,老子专用术语。四句谓,道之于万物,生长之而不据为己有,作成之而不恃以为德,引导之而不为主宰,这就称为"玄德"。王弼注:"不塞其原,则物自生,何功之有?不禁其性,则物自济,何为之恃?物自长足,不吾宰成。有德无主,非玄而何?凡言玄德,皆有德而不知其主,出乎幽冥。"——"生而不有"四句,又见十章,盖此章之文而又衍于该章。

★(一)此章论道生万物而不自居功,盖自然也。"夫莫之命而常自然",是老子"无为而无不为"思想的认识基础。

(二)道无为而无不为,"生而不有,为而不恃,长而不宰";老子认为,统治者为政也应如此,故二章云:"是以圣人处无为之事,行不言之教,万物作焉而不辞,生而不有,为而不恃,功成而弗居。"

五十一章

（三）"势成之"之势，注家解说纷纭。如河上公《老子道德经》解作"寒暑之势"。宋林希逸《老子口义》："势则有对矣，故曰，'势成之'。阴阳之相偶，四时之相因，皆势也。"明释德清《老子道德经解》："势者，凌逼之意，若夫春气逼物，故物不得不生；秋气逼物，故物不得不成。"陈柱《老学八篇》："势者，力也。"蒋锡昌《老子校诂》："势，指各物所处的环境。"此外各种异说还多。皆注家自我作古，自作烦苛。势者，自然之势也。"势成之"者，因自然之势而成之也。老子命意明白，注者没有必要也不应该附加一些别的内容。

（四）亭之毒之，成之熟之也。傅山《老子解》："'亭''毒'两字最要紧。'毒之'最好最有义，其中有禁而不犯之义，又有苦而使坚之义。"傅氏之说，貌似深刻，实道学家望文生义而故作艰深之说。此等附会，泼人一头雾水，使人不知所以，不仅无益，且极为有害。

本章用韵：生形成（耕部） 毒覆（觉部） 有恃宰德（有恃宰，之部；德，职部）

五十二章

天下有始，以为天下母①。既得其母，以知其子。既知其子，复守其母，没身不殆②。

塞其兑，闭其门，终身不勤③。开其兑，济其事，终身不救④。

见小曰明，守柔曰强⑤。用其光，复（归）其明⑥，无遗身殃，是谓习常⑦。

① 有始，道也。母，本也。天下有其最初的原始存在，是天地万物的本原。首章"无，名天地之始；有，名万物之母"，二十五章"有物混成，先天地生，寂兮寥兮，独立而不改，周行而不殆，可以为天下母。吾不知其名，字之曰'道'"，可以互参。

② 母，天下万物的本原。子，即天下万物。没身，犹终身。殆，危也。五句谓，认识了天下万物，仍须守其本原，则终身不危败。按老子之意，致虚守静，无知无欲，即为守道，下文即申"守其母"之义。

③ 兑，《易·说卦》："兑为口。"河上公注："兑，目也。"《淮南子·道应》"塞民于兑"，高诱注："兑，耳目口鼻也。"知"兑"，口也，穴也。于人指耳目口鼻。门，与兑义同。勤，忧也。塞其知识之穴，闭其智慧之门，使民无知无欲，则终身不忧。十章"天门开阖，能为雌乎"，与此意同。

④ 济其事，犹成其事，为其事。开其知识之穴，为其纷繁之事，则终身不救。

⑤ 小，少也。柔，弱也。见少则曰明，守弱则曰强；是见之愈少则愈明，守之愈弱则愈强。四十七章"不出户，知天下；不窥牖，见天道"，即"见小曰明"

— 五十二章 —

之义。三十六章"柔弱胜刚强"即与"守柔曰强"内涵一致。

⑥用,《说文》"庸,用也",则用亦庸也。两字亦可通用。《书·皋陶谟》"五刑五用",《后汉书·梁统传》引作"五刑五庸"。《尚书大传》"墙谓之庸",墙庸为壅蔽之物,故有壅蔽之义。"用其光"与五十六章"和其光"意同。复其明,原作"复归其明",此从《牟子·理惑论》引文。"复"亦壅蔽之意。"用其光,复其明",二句皆谓壅蔽其光明。

⑦遗,招致。殃,灾祸。习,通"袭",傅奕《道德经古本篇》即作"袭",因也。常,常道。"是谓习常",与二十七章"是谓袭明"同义。"用其光"四句,谓壅其光,蔽其明,不招致灾祸,这就是因顺常道;亦即因顺自然。

★(一)本章谓道为万物之母,故人需守道,即因顺自然。"塞其兑,闭其门"以下即申"守其母"之义,谓人需塞兑闭门,无知无欲,蔽其光明,守其柔弱,乃不致招受祸殃。

(二)"见小曰明",陈鼓应《老子注释及评介》解作"能察见细微叫做明"。此法家观念,与老子思想正相反。"用其光",陈鼓应解作"运用智慧之光"。此佛家观念,与老子思想亦正相反。十八章云"智慧出,有大伪",十九章云"绝圣弃智,民利百倍",六十五章云"民之难治,以其智多。故以智治国国之贼",老子否定智慧,自然就不会主张所谓运用智慧之光。对老子的言语,不能脱离老子思想的哲理,不能脱离老子思想的基础,才不致作出荒谬的解释。

本章用韵:始母母子子母殆(之部) 门勤(文部) 事救(事,之部;救,幽部) 明强光明殃常(阳部)

五十三章

使我介然有知①,行于大道,唯施是畏。大道甚夷,而民好径②。

朝甚除,田甚芜,仓甚虚;服文采,带利剑,厌饮食,财货有馀:是谓盗夸,非道也哉③!

① "使我"之前省略主语,由全文推之,主语指客观现实,(注家多释"使"为假使,非是。统观全书,老子于"我"均用决断语气,不用犹疑语气。)介然,《荀子·修身》"善在身,介然必以自好也",杨倞注:"介然,坚固貌。"此处犹确实之意,有知,有认识。

② 大道,平坦的大路。施(yī),义同《淮南子·要略》"接径直施"之施,邪也,此指邪路。夷,平也。民,人,此指贪鄙的统治者。径,义同《论语·雍也》"行不由径"之径,小路,邪路,与上文"施"同义。"使我介然有知"五句谓,生活现实使我确实认识到,行于大道,最怕的是走上邪路;大道甚为平坦,而人们偏爱斜僻小道。后段即陈"而民好径"的事实。

③ 除,《广雅·释宫》"除,道也",王念孙疏证:"邪与除古音相近,除亦邪也。"犹言邪恶。严灵峰谓"除,犹废也",朝甚除,谓朝政废弛,亦通。厌,饱足。夸,读如枯,奢也,大也。盗夸,盗之大者,犹言盗魁,盗首,贼头。"朝甚除"九句谓,朝政废弛,土地荒芜,仓库空虚,而统治者服文采,带利剑,厌足饮食,财货有馀,这叫盗魁;统治者却成为盗魁是不合理的,违反"道"的。

★(一)本章揭露贪婪的统治者肆意掠夺,奢侈无度,致使土地荒芜,仓

— 五十三章 —

库空虚,其国穷民困之状自可想见;老子斥之为"盗夸",愤恨之情,溢于言表。《老子》下半部多涉现实政治,斥责统治者贪残凶暴者不遗馀力。

(二)"朝甚除"之除,王弼注:"洁好也。"注家多从之,解作"整治"。按,王说非是。除、芜、虚平列,三义相类,皆具贬义。若"除"释作整治,则为褒义,与下文"田甚芜,仓甚虚"词义褒贬相反。"朝甚除"三句言国家政治败坏,"服文采"四句言自身享用奢靡,两股界别分明。

(三)《韩非子·解老》云:"竽也者,五声之长者也,故竽先则钟瑟皆随,竽唱则诸乐皆和。今大奸作则俗之民唱,俗之民唱则小盗必和,故服文采,带利剑,厌饮食,而货资有馀者是之谓盗竽矣。"近代有些注家即据此用"盗竽"来解释"盗夸",甚至认为"盗夸"当作"盗竽"。按,老子原文明说"朝甚除,田甚芜,仓甚虚;服文采,带利剑,厌饮食,财货有馀,是谓盗夸",说的是政治极其腐败,而统治者如此奢侈,"是谓盗夸",并没有韩非所说的"大奸作则俗之民唱,俗之民唱则小盗必和"这些意思。把"大奸"的行为推及到"俗之民",这种内容与老子原文毫无联系,也与老子思想毫不相干。再说韩非也并没有说老子原文"盗夸"应作"盗竽"。因此没有必要据韩非"盗竽"之说来解释"盗夸",或者认为"盗夸"应作"盗竽"。

本章用韵:除芜虚(鱼部) 采剑食(采剑,之部;食,职部) 馀夸(鱼部。夸,读如枯)

五十四章

善建者不拔,善抱者不脱,子孙以祭祀不辍①。

修之于身,其德乃真;修之于家,其德乃馀;修之于乡,其德乃长;修之于邦,其德乃丰;修之于天下,其德乃普②。

故以身观身,以家观家,以乡观乡,以邦观邦,以天下观天下③。吾何以知天下然哉?以此。

① 建,立也。拔,移也,除也。不拔,不可动摇。抱,持也,抱持。脱,离也。辍(chuò),止也。不辍,不断绝。"善建者不拔,善抱者不脱",比喻立身需有道的根基。三句谓,立身牢者,则子孙长保。"子孙"句,《韩非子·喻老》引作"子孙以其祭祀世世不辍"。

② "修之于身"诸句前面都省去主语"道"。道是老子哲学的核心范畴,是世间万物的根本,是认识一切建立一切的基础;德则是道的体现。修者,涵养锻炼之谓。之,至也。真,纯粹。馀,饶也,犹言富裕,饶多。长,盛也,大也,犹言广大。丰,丰饶。普,博大。十句谓,道修至于立身,其德乃纯真;修至于治家,其德乃饶多;修至于治乡,其德乃广大;修至于治国,其德乃丰硕;修至于治天下,其德乃博大。(修之于邦,王本作"修之于国",此从傅奕《道德经古本篇》与《韩非子·解老》。国犹邦也,原字必作"邦",与"丰"叶韵,汉人避高祖刘邦讳改为"国"。"国"与"丰"不叶韵。下文"以邦观邦",王本原作"以国观国",亦从傅奕本改。)

③ "故以身观身"一段,谓以个人立身应有的标准来观察个人,以治家应有

— 五十四章 —

的标准来观察家，以治乡应有的标准来观察乡，以治国应有的标准来观察国，以治天下应有的标准来观察天下。我何以了解天下的情况呢？就是用这种方式。

★本章所述，谓修道乃可以立身为政。《礼记·大学》云："古之欲明明德于天下者先治其国，欲治其国者先齐其家，欲齐其家者先修其身。""身修而后家齐，家齐而后国治，国治而后天下平。"老子本章其思维形式与《大学》此文略近。盖老子与儒家皆欲以道济天下，只是所持的"道"不同，所取的方式亦异。

本章用韵：拔脱辍（月部） 身真（真部） 家馀（鱼部。家，读如姑） 乡长（阳部） 邦丰（东部） 下普（鱼部）

五十五章

含德之厚，比于赤子。蜂虿虺蛇不螫，猛兽不据，攫鸟不搏①。骨弱筋柔而握固。未知牝牡之合而全作，精之至也。终日号而不嗄，和之至也②。

知和曰常，知常曰明③。益生曰祥，心使气曰强④。

物壮则老，谓之不道，不道早已⑤。

① 含，涵养。赤子，婴儿。虿（chài），蝎类毒虫。虺（huǐ），毒蛇。螫（shì），毒虫刺人。猛兽，虎豹之类。据，抓取。攫（jué）鸟，鸷鸟，鹰鹫之类。搏，搏击。五句谓，含德之厚者，犹如婴儿，毒虫不螫，猛兽不捕，鸷鸟不抓。（蜂虿虺蛇不螫，河上公《老子道德经》、《景福碑》、李约《老子道德真经新注》、苏辙《老子解》、林希逸《老子口义》、吴澄《道德真经注》并作"毒虫不螫"，语更简洁。"猛兽不据"二句，敦煌古写本《太上玄元道德经》残卷作"猛兽不攫，鸷鸟不搏"。）

② 牝牡之合，男女性交。全，"朘（zuī）"之借字，河上公《老子道德经》即作"朘"，阴茎。字一作"朘"，《说文》，"朘，赤子阴也"。嗄（shà），嘶哑。《庄子·庚桑楚》"儿子终日嗥而嗌不嗄"，《释文》引司马彪曰："楚人谓啼极无声曰嗄。"终日号而不嗄，敦煌古写本《太上玄元道德经》残卷作"终日号而嗌不嗄"。嗌，喉咙。五句谓，婴儿骨弱筋柔而握得很紧。不懂得男女交媾而阴茎也会勃起，是因他精气充盈。终日号哭而不嘶哑，是因他和顺至极。

③ 和，指心无所争，没有欲念。常，自然规律。明，明哲。

④ 益生，过分地追求生活享受及其他私欲，即五十章所谓"生生之厚"。《庄

— 五十五章 —

子·德充符》云:"常因自然而不益生。"可知益生即违反自然。祥,灾殃。《说文》"祥"字段玉裁注:"凡统言则灾亦谓之祥,析言则善者谓之祥。"心使气,存心使气。强,逞强。"知和曰常"四句谓,懂得和顺自然则符合自然规律,符合自然规律则谓之明智。反之,违背自然,过分地追求私欲则成为灾殃;存心使气,争强好胜则谓之强梁。

⑤"物壮则老"三句谓,物达到极盛就会衰老,这是不合于道的,不合于道必然很快死亡。三句又见三十章,文字略异。物,泛指事物,内涵随语言环境而不同;此对养生而言,物壮谓养生过甚,即上文之"益生曰祥,心使气曰强"。

★(一)本章谓含德厚者,犹如婴儿,无知无欲,任其自然,乃摄生之道。《列子·天瑞》:"其在婴孩,气专志一,和之至也,物不伤焉,德莫加焉。"

(二)赤子"蜂虿虺蛇不螫,猛兽不据,攫鸟不搏",不可能是事实,在古代荒野之地小孩被猛兽叼走的事屡见不鲜,不知老子何所据而云然?

本章用韵:螫据搏固作嗄(螫搏作嗄,铎部;据固,鱼部) 常明祥强(阳部) 老道已(老道,幽部;已,之部)

五十六章

知者不言,言者不知①。

塞其兑,闭其门,挫其锐,解其分,和其光,同其尘,是谓玄同②。

故不可得而亲,不可得而疏,不可得而利,不可得而害,不可得而贵,不可得而贱,故为天下贵③。

①"知者不言"二句:知,《释文》"或并音智"。是陆德明"知"(zhī)、"智"(zhì)两音并存。两字义本相通。来自客观实践者谓之知,出自主观本性者谓之智;然主观智慧实亦由客观实践得来。两"知"字如读平声,则二句之意,谓有知者不表现,忙于表现者实无知。若读如"智",则二句之意,谓智者不多言,不表现;多言者,忙于表现者不智。白居易《读老子》诗云:"言者不智智者默,此语吾闻诸老君。若道老君是智者,如何自著五千言!"是白居易所见本二字作"智"。《庄子·知北游》引黄帝曰:"夫知者不言,言者不知,故圣人行不言之教。"知老子或有所本。

②"塞其兑"二句又见五十二章。"挫其锐"四句又错入四章。分,同"纷",河上公《老子道德经》即作"纷"。和,合也,此处为浑同之意。光,光明,喻清醒明白。尘,昏暗,喻浑噩糊涂。和与同相同,光与尘相对。"和其光,同其尘",意谓光则同其光,尘则同其尘,不露圭角,随俗浮沉。《楚辞·渔父》所谓"圣人不凝滞于物,而能与世推移",又歌曰"沧浪之水清兮,可以濯吾缨;沧浪之水浊兮,可以濯吾足",即是此意。玄同,冥然浑同,老子专用术语,指无知无欲的浑沌状态。七句谓,塞其知识之穴,闭其智慧之门,挫其锐利,解其纷繁,和其光

— 五十六章 —

耀,同其昏尘,这就叫作"玄同"。

③贵,尊重。贱,卑视。七句谓,彼一片浑沌,无知无识,自无亲疏、利害、贵贱之别。这种状态,则没有是非,没有争夺,故为天下贵。

★(一)本章是老子宣扬的修已待人的原则。主张无知无欲,冥然浑同,彼此之间,不来不往,无是无非,自然和顺。八十章老子提出"小国寡民"的社会模式,主张"邻国相望,鸡犬之声相闻,民至老死不相往来",正是这种思想的具体化。

(二)"知者不言,言者不知",《庄子·天道》"世之所贵道者书也"章引用了这两句话。其言曰:"世之所贵道者书也,书不过语;语有贵也,语之所贵者意也;意有所随,意之所随者不可以言传也。""故视而可见者形与色也,听而可闻者名与声也。悲夫世人以形色名声为足以得彼之情;夫形色名声果不足以得彼之情,则'知者不言,言者不知',而世岂识之哉!"照这位作者的理解,所谓"知者不言"是因为"意之所随者不可以言传也",即事物深层的精神实质是不可能用言语表达的。这比通常理解的知者不表现,不炫耀,更为深刻。参见《庄子·天道》注。

本章用韵:兑锐(月部) 门分尘(文部) 光同(光,阳韵;同,东部)"兑锐"与"门分","分尘"与"光同",并隔句交错叶韵

163

五十七章

以正治国,以奇用兵,以无事取天下①。

吾何以知其然哉?以此②:

天下多忌讳,而民弥贫;人多利器,国家滋昏;人多伎巧,奇物滋起;法令滋彰,盗贼多有③。

故圣人云:我无为而民自化,我好静而民自正,我无事而民自富,我无欲而民自朴④。

① 正,正道。奇,诡道,指计谋机变。以奇用兵,即"兵不厌诈"之意。《孙子·计篇》:"兵者,诡道也。故能而示之不能,用而示之不用。近而示之远,远而示之近;利而诱之,乱而取之,实而备之,强而避之,怒而挠之,卑而骄之,佚而劳之,亲而离之,攻其无备,出其不意,此兵家之胜,不可先传也。"此段文字,可作"以奇用兵"注脚。无事,无为。取,治也。三句谓,以正道治国,以奇谋用兵,以"无为"治天下。下文全论"以无事取天下"。

② 然,如此,指"以无事取天下"。我何以知其如此,即由下述情况知之。

③ 忌讳,防禁也。弥,愈加。人多利器,王本作"民多利器",此从《景龙碑》、唐玄宗《御注道德真经》等本。此与下句"人多伎巧"之人为同一对象,并指统治者。利器,指各种统治手段。滋昏,更加黑暗混乱。(三十六章"国之利器不可以示人",利器,指统治者的权谋,也就是统治手段。人多利器,实即统治者滥用权谋。两章中"利器"内涵一致。)伎巧,各种权谋巧伎。傅奕《道德经古本篇》、范应元《老子道德经古本集注》作"智慧",可知"伎巧"指各种权谋巧智,

— 五十七章 —

非指一般技艺。奇物，傅奕本、范应元本作"邪事"，则奇物指各种邪伪行为。王弼注："民事智慧，则巧伪生；巧伪生，则邪事起。"似王本原亦与傅、范本同。彰，分明，苛细。"天下多忌讳"八句谓，国家禁忌繁多，民无所措手足，生存之道断绝，是以愈益贫穷。统治者的镇压手段愈多，国家更加黑暗混乱。统治者的权谋巧伎愈多，邪恶行为也就兴起。国家的法令愈是烦苛，盗贼也愈加增多。蒋锡昌《老子校诂》："天下多忌讳，人多利器，人多伎巧，法令滋彰，四句皆指人主而言，以明有事不足以治天下也。"解释甚为的当。

④而，犹"则"也。化，正常发展。正，定也，安定。富，富足。朴，淳朴。四句谓，我无为则民自能发展，我好静则民自然安定，我无事则民自能富足，我无欲则民自然淳朴。四句均说明"以无事取天下"。《庄子·天地》："古之畜天下者，无欲而天下足，无为而万物化，渊静而百姓定。"

★（一）本章正面阐明"无为而无不为"的政治主张。"天下多忌讳"一段，描绘了一幅混乱不堪的社会图景，统治者政令烦苛，进行高压统治；人民动辄得咎，没有丁点儿自由，开口即触犯忌讳，一动即陷于法网；人民自然越来越贫穷，而国家也更加昏乱。老子的述说无疑是针对春秋末年的现实而发的，而漫长的历史长河中有多少时候不是这种惨象呢！"我无为而民自化，我好静而民自正，我无事而民自富，我无欲而民自朴"，是道家清静无为政治最精确的表述。尽管这只是哲人的理想，但确有一定的真理性。在安定的社会环境里自由发展，是人民简单的生存愿望。统治者烦苛的政令，不断地骚扰，强迫命令，无情斗争，他们就不得安生，就必然会造成巨大的灾难！

（二）老子的无为政治有他的时代局限，但"以正治国，以奇用兵"，在任何时代都是真理。因为治国是对待人民，不能使用欺诈手段；而用兵是对付敌人，当然可以运用奇谋。统治者如果运用权谋欺诈，对人民如临大敌，不管手段多么高明，镇压多么厉害，迟早总会失败。

本章用韵：贫昏（文部）起有（之部）为化（歌部）静正（耕部）事富（事，之部。富，职部）欲朴（屋部）为化、静正、事富、欲朴，并句中叶韵

五十八章

其政闷闷,其民淳淳,其政察察,其民缺缺①。
祸兮福之所倚,福兮祸之所伏。孰知其极?其无正②。
正复为奇,善复为妖。人之迷,其日固久③。
是以圣人方而不割,廉而不刿,直而不肆,光而不耀④。

① 闷闷,沉静宽阔。淳淳,淳厚质朴。察察,分明苛细;缺缺,狡黠欺诈。四句谓,政治宽阔,则百姓纯朴;政治烦苛,则百姓狡黠。王弼注:"言善治政者,无形,无名,无事。无政可举,闷闷焉,卒至于大治,故曰其政闷闷也。其民无所争竞,宽大淳淳,故曰其民淳淳也。""立刑名,明赏罚,以检奸伪,故曰其政察察也。殊类分析,民怀争竞,故曰其民缺缺。"

② 倚,依也。伏,藏也。句中二字实同义,都有依存藏伏之义。敦煌古写本《太上玄元道德经》残卷作"祸兮福兮?祸为福所倚,福为祸所伏"。极,极限,究竟。"其无正"之正,定也。有道之世,"其政闷闷,其民淳淳",自无所谓祸福。无道之时,"其政察察,其民缺缺",于此祸福倚伏,无有穷期,谁也不知道它的究竟,它没有定准。

③ 正,善,指正常情况,平顺状态,即"闷闷""淳淳"。奇、妖,指变异情况,祸殃状态,即"察察""缺缺"。四句谓,统治者有为多欲,如此正常变为诡异,美善变为邪恶;统治者之迷惑,其日固已长久。

④ 方,方正。割,切割。廉,廉平,廉正。刿,伤也。敦煌古写本《太上玄元道德经》残卷作"廉而不害"。肆,恣纵。耀,闪耀。四句谓,是以圣人方正

— 五十八章 —

而不锋利如割,廉正而不尖刻伤人,直截干脆而不倨傲恣纵,光明正大而不张扬炫耀。

★本章紧承上章,仍是老子的政治论。"祸兮福之所倚,福兮祸之所伏",是哲学界经常引用,作为老子表现其辩证思想的名言。然本章内涵,实表现老子的政治观点。老子认为,为政闷闷,看是坏事,然而百姓淳厚;为政察察,看是好事,然而百姓狡黠。"天下多忌讳,而民弥贫;人多利器,国家滋昏;人多伎巧,奇物滋起;法令滋彰,盗贼多有",如此祸福倚伏,莫可究竟。老子认为统治者大多长期迷惑,"正复为奇,善复为妖",没有看到平静表面下隐伏的危机。

最后一段是老子提出的解决原则,即所谓"方而不割,廉而不刿,直而不肆,光而不耀"。其精神实质,是要统治者积蓄充分的力量,而不要逞强使胜,不要使百姓受到伤害;也就是要做到"其政闷闷",以达到"其民淳淳"的目的。

本章用韵:闷淳(文部。闷,平声) 察缺(月部) 祸倚(歌部) 福伏(职部。"祸倚""福伏"皆本句首尾叶韵) 割刿(月部)

五十九章

治人事天莫若啬①。

夫唯啬是谓早服,早服谓之重积德,重积德则无不克,无不克则莫知其极,莫知其极可以有国,有国之母可以长久②。是谓深根固柢长生久视之道③。

① 治人,治理人民。事天,对待自然。啬,《大戴礼记·少间》"顺天啬地",卢辩注:"啬,收也。"收敛之意,与六十七章"俭"义同,意谓深藏厚蓄,不要炫耀张扬。《韩非子·解老》:"啬之者,爱其精神,啬其智识也。"

② 早服,即早服于道。《韩非子·解老》:"夫能啬者,是从于道而服于理者也。"重积德,犹厚积德,深积德。无不克,无往而不胜。极,尽也。有,治也。母,本也。六句谓,唯有深藏厚蓄,可谓早服于道,早服于道就是深厚积德,深厚积德则无往不胜,无往不胜则力量不可穷尽,力量不可穷尽就可治理国家;治国有此根本,乃可以长久。

③ 柢,主根,树基。固,坚固。视,《吕氏春秋·重己》"无贤不肖莫不欲长生久视",高诱注:"视,活也。"《列女传·节义·鲁义姑姊传》"不能无义而视鲁国",王照圆补注:"视,犹生也。""深根"与"固柢"同义,"长生"与"久视"同义。成语"根深柢固""长生久视"均出于此。

★全章之意,即"啬"乃治人事天的根本。本章续上章而来,所谓"啬"者,深藏厚蓄,而不逞雄耀力,与上章"方而不割,廉而不刿,直而不肆,光而不耀"

精神实质全同。

本章用韵：啬啬服服德德克克极极国国（职部） 母久道（母久，之部；久道，幽部）

六十章

治大国若烹小鲜①。

以道莅天下,其鬼不神。非其鬼不神,其神不伤人。非其神不伤人,圣人亦不伤人②。夫两不相伤,故德交归焉③。

①小鲜,即小鱼。治大国若煎小鱼,煎小鱼不能不断翻搅,不断翻搅鱼就碎了,比喻治国不要扰民。王弼注:"不扰也。躁则多害,静则全真,故其国弥大,而其主弥静,然后乃能广得众心矣。"《诗·桧风·匪风》"谁能亨鱼",毛氏传:"亨鱼烦则碎,治民烦则散,知亨鱼则知治民矣。"亨,同烹。毛传正可为老子此文注脚。

②莅,临也。神,灵也。六句谓,以道治天下,连鬼也失其神灵;不是鬼失其神灵,而是其神灵不伤害人;不只是鬼神不伤害人,圣人也不伤害人。圣人,体道的统治者。

③交,共也,都也。焉,于此,指天下。二句谓,鬼神与人都不伤害人,故德交归于天下。《韩非子·解老》:"言其德上下交盛而俱归于民也。"

★(一)本章以烹鱼为喻,说明治天下在于不扰民。清静无为,天下自然相安无事。不扰民,是老子所谓"无为"的真谛。

治大国若烹小鲜,乍一看这个比喻实在离奇;治理国家这样的大事,竟比之为烹小鱼!细加体察,会感到奇妙无比。老子把统治者比之为烹鱼者,把老百姓比之为被煎烹的小鱼,简直将几千年来中国封建统治者与被统治者的关系刻画得

— 六十章 —

惟妙惟肖。老子主张无为政治，反对扰乱百姓。如果今天一个运动，明天一个运动，一个斗争接着一个斗争，让人民言必获罪，动辄得咎，只会给国家民族带来巨大的灾难。所以老子谓"治大国若烹小鲜"，对后人永远具有鉴戒的意义。

（二）老子全书，很少涉及鬼神。唯三十九章有"神得一以灵"一句涉及神，本章"其鬼不神"涉及鬼。在老子的时代，鬼神观念泛滥，故老子亦偶然提到。但他认为"以道莅天下"，则"其鬼不神"，鬼仍是不起作用的。"道法自然"，在老子哲学中，就整体而言，没有鬼神的位置。

本章用韵：神神人人人（真部）

六十一章

大国者下流①,天下之交,天下之牝②。

牝常以静胜牡,以静为下③。

故大国以下小国,则取小国;小国以下大国,则取大国④。

故或下以取,或下而取⑤。

大国不过欲兼畜人,小国不过欲入事人。夫两者各得其所欲,大者宜为下⑥。

① 下流,低洼聚水之处,如江海(不单指江河下游)。大国为小国所附,如江海为百川所归,故曰"大国者下流"。

② 天下之交,谓大国为天下之交汇,此仍以江海为喻。牝,雌者。天下之牝,谓大国为天下之雌者。此以动物雄性多追逐雌性,大国为小国所趋附,故以雌牝为喻。

③ 为,而也。下,谦下。二句谓,雌性常以静赢得雄性,就在于雌静而能谦下。

④ 取,通"聚",保聚。"取小国"之取,保聚。"取大国"之取,被保聚。如果用《孟子·滕文公上》"劳心者治人,劳力者治于人;治于人者食人,治人者食于人"的句式表述,此四句即为"故大国以下小国,则取小国;小国以下大国,则取于大国",意谓大国以谦下待小国,则保聚小国;小国以谦下待大国,则被大国保聚。

⑤ "故或"二句谓,或以谦下而保聚,或以谦下而被保聚。

— 六十一章 —

⑥兼畜人，意即聚养小国。入事人，意即取容于大国。四句谓，大国不过欲保聚小国，小国不过欲取容于大国。两者都要得其所欲，大国尤宜谦下。

★（一）春秋末季，列国纷争，群雄并起，兼并战争激烈进行。老子反对战争，主张以和平的方式处理国与国之间的关系。所谓居下为牝，就是要谦下待人。"下流"也者，众水所归。所谓"大国者下流"，就是要大国积蓄一种必然之势，使小国不能不归附。大国待小国，兼而畜之，小国待大国，入而事之。其结果也就必然成为一体。可见老子所谓"大国宜为下"，实际上是为大国提供一种不用战争进行兼并的策略。

（二）《孟子·梁惠王下》："惟仁者能以大事小，是故汤事葛，文王事昆夷。惟智者能以小事大，故太王事獯鬻，勾践事吴。以大事小者，乐天者也；以小事大者，畏天者也。乐天者保天下，畏天者保其国。"老孟语言有相似之处，而内涵不同：孟子主张以仁政抚育天下，老子主张以雌柔"兼畜"小国。不过他们都是理想主义者，或空想主义者，他们统一天下之志则善矣，提出的方法则不中。韩非说，"当今争于气力"，是最现实不过的认识，统一天下的目的最终是以武力达到的。

本章无韵。

六十二章

道者，万物之奥，善人之宝，不善人之所保①。
美言可以市尊，[美]行可以加人②。人之不善，何弃之有③？
故立天子，置三公，虽有拱璧以先驷马，不如坐进此道④。
古之所以贵此道者何？不曰求以得有罪以免邪？故为天下贵⑤。

① 奥，藏也。道为万物之奥藏，无所不容。是善人之宝，而不善人所赖以保全。

② 市，取也。《国语·齐语》"市贱鬻贵"，韦昭注："市，取也。"加，重也。《尔雅·释诂》："加，重也。"善人宝道，则有美言可以赢得尊敬，有美行可以见重于人。"行"上原脱"美"字，《淮南子·道应》和《人间》引文并作"美言可以市尊，美行可以加人"，据以补"美"字。

③ 二句谓，人有不善，则为道之所保，没有理由抛弃他们。二十七章"常善救人，故无弃人；常善救物，故无弃物"，亦即此意。

④ 三公，周以太师、太傅、太保为三公。有，执有也。璧，玉质宝器。拱璧，大璧，垂拱之璧。先，先驱也。驷马，一车四马。坐，就也。四句谓，故立为天子，置位三公，虽享有手执拱璧而先驱驷马的威仪，还不如进于此道之可贵。

⑤ 求以得，王本作"以求得"，此从《景龙碑》。有，犹"而"也。求以得，指道德之精进，不是私欲的满足。罪，《慧琳音义》卷二十六"罪庚"注引孔注《尚书》云："罪，过也。"罪以免，指过错得以避免。

六十二章

★（一）本章谓"道"为万物之奥，为善人之宝，不善人之所保，故为天下贵。

（二）虽有拱璧以先驷马，蒋锡昌《老子校诂》谓"古之献物，轻物在先，重物在后，拱璧而先驷马，谓以拱璧为驷马之先也"。高亨《老子正诂》谓"'以先'二字当在'驷马'二字下。'先'借为'诜'，问也；问，聘也。'虽有拱璧驷马以先，犹云虽有拱璧驷马以聘矣。'"蒋高二说皆非。此句只要了解"有""先"皆动词，"有拱璧以先驷马"是两个动宾结构，意思就清楚明白，无需绕那么多弯，更不应改易字句。

本章用韵：道奥宝保（幽部） 尊人（尊，文部；人，真部） 有马道（有马，之部；道，幽部）

六十三章

为无为,事无事,味无味①。

〔是以圣人欲不欲,不贵难得之货;学不学,复众人之所过,以辅万物之自然而不敢为。〕②

大小多少③。(报怨以德)④图难于其易,为大于其细;天下难事必作于易,天下大事必作于细⑤。

(是以圣人终不为大,故能成其大。)⑥

〔合抱之木,生于毫末;九层之台,起于累土;千里之行,始于足下。〕⑦

夫轻诺必寡信,多易必多难⑧。是以圣人犹难之,故终无难矣⑨。

① 为无为,以"无为"为"为"。事无事,以"无事"为"事"。味无味,以"无味"为"味"。(味无味,《文子·道原篇》、《后汉书·荀爽传》李贤注引并作"知无知",即以"无知"为"知"。作"知无知"较"味无味"更佳,与"为无为""事无事"更同类。)

② 复,补也。辅,引导、顺应之意。是以圣人以"不欲"为"欲",故不爱珍贵之物;以"不学"为"学",以补救众人的过失。总而言之,只引导万物之自然发展而不敢为。"是以"五句原在六十四章,在该章上下文意不顺,移置本章则文意连贯。"为无为,事无事,味无味","欲不欲","学不学",都是"以辅万物之自然而不敢为"。

③ 大小多少,大其小,多其少;即对小者少者,要当作大者多者对待,不能

— 六十三章 —

掉以轻心。后文"图难于其易,为大于其细"即"大小多少"的最好解释。

④ "报怨以德"四字与上下文谊不联,移入七十九章。详该章注。

⑤ 图,谋也。作,起也,始也。

⑥ "是以圣人终不为大,故能成其大"二句,三十四章文,复误出于此。二句在此处于上下文不相关联。三十四章谓道自处柔弱,可名为小,又为万物所归,故又可名为大,此即不自为大而成其大之意。本章大与细指大事细事,与三十四章内涵不同。《敦煌唐写本老子残卷》辛本,《遂州道德经碑》均无此二句。

⑦ 合抱,两手合抱。毫末,言其细小。累土,宋林希逸《老子口义》释为"一篑之土"。高亨《老子正诂》读"累"为"虆",土笼也。《长沙马王堆汉墓帛书老子》乙本作"虆"。六句谓,合抱的大木,生于毫末小树;九层的高台,始于一筐小土;千里的长途,起于开头一步。都是"天下难事必作于易,天下大事必作于细"的形象表述。"合抱之木"六句原在六十四章"为之于未有,治之于未乱"之后。在该章与上文文谊不联,移置此章,正相切合,当是本章文字错入六十四章者。参该章注。

⑧ 诺,承诺。寡,少也。"夫轻诺"二句,告诫人们必须慎重,不要轻率行事。如果对什么事情都看得非常简单,轻易承诺,必少有信用;多所容易,必少能成事。

⑨ "难之",即不"多易",自然也就不"轻诺"。圣人犹难之,故终无难事。

★(一)本章两段。前段旨意,只在"无为"二字。扩而广之,则为无事、无知、不欲、不学。"辅万物之自然而不敢为",是"无为而无不为"这一命题的最好阐发。

后段"大小多少"以下,说明"大小多少"的道理,"天下难事必作于易,天下大事必作于细"。难事大事必从易事小事开始,因此一开始就要认真对待,积少成多,由易入难,然后乃能成功。轻易对待事情的人,往往很难成事。"轻诺必寡信,多易必多难",这种情况在现实生活中屡见不鲜。

(二)大小多少,姚鼐《老子章义》谓"'大小多少'下有脱字,不可强解"。

严灵峰《老子达解》把四字补作"大生于小,多起于少"。陈鼓应也认为"四字意义欠明"。其实只要理解"大""多"二字是动词,意义就豁然明白。

本章用韵:货过为(歌部) 易细易细(易,锡部。细,脂部) 木末(双声相叶) 土下(鱼部)

六十四章

其安易持,其未兆易谋,其脆易泮,其微易散①。为之于未有,治之于未乱②。

(合抱之木,生于毫末;九层之台,起于累土;千里之行,始于足下。)③

(为者败之,执者失之。是以圣人无为故无败,无执故无失。)④

民之从事,常于幾成而败之。慎终如始,则无败事⑤。

(是以圣人欲不欲,不贵难得之货;学不学,复众人之所过,以辅万物之自然而不敢为。)⑥

① 安,稳定,指未乱之时。持,维持。兆,始也,犹言萌发。谋,筹划,指对付而言。脆,柔脆,指细微之时。泮,散也,犹言消除。敦煌古写本《太上玄元道德经》残卷以及多种古本并作"其脆易破"。微,细小。四句均指灾殃动乱而言,当社会还稳定之时容易维持,当灾殃尚未萌发之际容易对付,当它还脆弱之时容易消除,当它还微小之时容易解决。

② "为之于未有"二句,谓当灾殃还没有出现即把事情办好,当动乱还没有发生即进行治理。《战国策·楚策》苏秦说楚威王曰:"臣闻治之其未乱,为之其未有也;患至而后忧之,则无及已。"苏秦似用老子之言,后二句是很好的补充。

③ "合抱之木"六句,与上文不联。上章旨意,全在"治之于未乱"一句。所谓"其安易持,其未兆易谋,其脆易泮,其微易散",必须及时"治之"者,都是针对"乱"的消极防范。然"合抱之木""九层之台""千里之行"都是积极事物,不应用以喻"乱"。前一章即六十三章"天下难事必作于易,天下大事必作于

细"则系积极作为,以"合抱之木,生于毫末;九层之台,起于累土;千里之行,始于足下"六句承之,则文意切合。参见该章注。

④"为者败之,执者失之。是以圣人无为故无败,无执故无失",奚侗《老子集解》:"'为者败之'四句与上下文谊不相属,此第二十九章中文,彼竟脱下二句,误羼于此。"奚说是,移回二十九章。

⑤幾,近也。"民之从事"四句,言人们做事往往在将要成功之时却放松了,以致造成失败。《书·旅獒》"为山九仞,功亏一篑",即幾成而败之。做任何事情都要"慎终如始",才不至于坏事。《左传》襄公二十五年引《书》曰:"慎始而敬终,终以不困。"与老子此语略同。

⑥"是以圣人"五句与上文不相连属,以之承六十三章"为无为,事无事,味无味"之后,则内容衔接,当为该章文字错简于此,故移入该章。

★(一)六十四章最为混乱,五段文字,每段说一个内容,上下文谊都不相连属,但每段题旨皆浅显明白。

① 首段六句自成一章,言防患未然之意。前四句分别论述,末二句为结论,文意完足。"为之于未有,治之于未乱",老子告诫统治者,要在动乱未萌之时即进行治理。对老子的筹谋必须正确理解。七十五章云:"民之饥,以其上食税之多,是以饥。民之难治,以其上之有为,是以难治。民之轻死,以其上求生之厚,是以轻死。"七十七章云:"天之道损有餘而补不足。人之道则不然,损不足以奉有餘。"可谓揭出了社会的病根。老子也提出了他的解决办法。他的办法主要是"无为"。老子所谓"无为"包含有一些不现实的想法,但也包括有不扰民的内容,则是非常可取的。他要求统治者不要"食税"过多,不要"求生"过厚,要以"有餘奉天下",都是极为正确的主张。如果认为老子说的"为之于未有,治之于未乱",指的是让统治者在人民的反抗萌发之时就加以镇压,控制他们的行动,禁锢他们的言论,那就大错而特错了。因为老子还对那种凶残的统治者进行过严肃的警告,告诉他们"民不畏威,则大威至","民不畏死,奈何以死惧之"。秦始皇对民众反抗的防范,大概是前无古人的,然而秦王朝的结局却也给人们提供了

六十四章

很好的教训。

②"合抱之木"六句为六十三章文。

③"为者败之"四句为二十九章文。

④"民之从事"四句言做事应"慎终如始",题旨论述完整,可以独立存在。

⑤"是以圣人欲不欲"五句亦六十三章文。

(二)六十三章、六十四章,有若干精彩的人生格言。如曰:"大小多少。图难于其易,为大于其细;天下难事必作于易,天下大事必作于细。"如曰:"合抱之木,生于毫末;九层之台,起于累土;千里之行,始于足下。"如曰:"其安易持,其未兆易谋,其脆易泮,其微易散。为之于未有,治之于未乱。"这些道理,皆准确不可移易。但老子主张"无为",而这些格言教导人们要"图",要"作",要"为之",要"治之",就是"有为"了,与老子"无为"的原则似乎矛盾。这有两种可能:一是老子虽主张无为,但面对社会现实,他却无法回避矛盾,因而发表了这些精辟的意见。没有一个思想家的理论是绝对周密的。二是这些话系后人掺入之语。这两章内部也特别混乱,亦足启人疑窦。

本章用韵:持谋有(之部) 泮散乱(元部) 六句交错叶韵 事之始事(之部)

六十五章

古之善为道者，非以明民，将以愚之。
民之难治，以其智多①。
故以智治国国之贼②，不以智治国国之福。
知此两者亦楷式。常知楷式，是谓玄德③。
玄德深矣，远矣，与物反矣，然后乃至大顺④。

① 善为道，此指以道治国。明民，使民明，即使之有知有识。愚之，使民愚，即使之无知无识。将以愚之，敦煌古写本《太上玄元道德经》残卷作"将以愚民"。五句谓，古之善以道治国者，不是要使民有知有识，而是要使民无知无识。民之难治，就在于他们智识太多。

② 贼，害也。

③ 亦，乃也。楷式，王本作"稽式"，此从河上公《老子道德经》、《景龙碑》、《景福碑》、《遂州碑》、《敦煌唐写本老子残卷》庚本辛本壬本并作"楷式"。楷，法也。楷式，犹言法式，亦即原则。玄德，幽远之德。此词又见十章、五十一章。

④ 深矣、远矣，即"玄"字之义。与物反矣，王弼注："反其真也。"反，复也，复反则合，故反犹合也。大顺，即自然。三句谓，玄德深远，与万物冥合，然后乃达到自然境界。《庄子·天地》："夫道……深之又深，而能物焉；神之又神，而能精焉。故其与万物接也。"又，"性修反德，德至同于初。同乃虚，虚乃大。合喙鸣，喙鸣合，与天地为合；其合缗缗，若愚若昏。是谓玄德，同乎大顺"。"与万物接""与天地为合"，文义都与"与物反矣"相通。参《庄子本原》。

— 六十五章 —

★本章意谓治国必须愚民。高延第《老子证义》:"愚之,谓反朴还淳,革除浇离之习,即'为天下浑其心'之义,与秦人燔诗书、愚黔首者不同。"老子与嬴秦的"愚民"之义,其出发点和目的都不同。秦室愚民,是要人民成为愚昧的奴隶,使他们丧失反抗的能力;老子愚民,是要使人民回复到原始的愚昧状态,使天下"返朴还淳"。尽管如此,但主张"愚"民毕竟是荒谬的。今古注家,大多要为老子回护。谓老子要使民愚,是要民复归淳朴,不是真要使之愚昧;老子反对智,是反对"巧伪",不是真正反对人民的智慧。在老子的哲学中,愚与淳朴是可以等同的,反对智与反对巧伪也是一致的。老子所谓"愚之"是真要使之愚,老子反对智是真要使之"无知"。他自己说的非常清楚:"是以圣人之治,虚其心,实其腹;弱其志,强其骨。常使民无知无欲,使夫智者不敢为也。"老子的主张原本如此,无需为之回护。任何哲学家思想家都不是绝对完美的,研究者的任务是发掘其积极的美好的可资借鉴的部分,而揭示并扬弃其消极的不足取的东西;对后者没有必要为之隐讳。

本章用韵:国贼国福式式德(职部) 远反(元部)

六十六章

江海所以能为百谷王者,以其善下之,故能为百谷王①。
是以欲上民必以言下之,欲先民必以身后之②。
是以圣人处上而民不重,处前而民不害。
是以天下乐推而不厌③。
以其不争,故天下莫能与之争④。

① 百谷,一切河流豀谷。谷,《尔雅·释水》:"水注豀曰谷。"《说文》:"泉出通川为谷。"江海为百谷王,指所有河溪之水都流向大江大海。江海能够成为所有小河小溪之"王",在于它善处卑下的地位。

② 上民,居民之上,即统治人民。先民,居民之先,即领导人民。二句谓,所以要统治人民,必须对他们言语谦下;要领导人民,必须把自己置于他们之后。

③ 重,犹言受压。害,伤也。推,推举、拥戴。厌,弃也。三句谓,是以圣人居于民上而民不受威压,居于民前而民不受伤害,所以天下之人乐于推戴而不厌弃。

④ 二十二章"夫唯不争,故天下莫能与之争",与末二句同。

★本章老子告诫统治者,欲居民上必先以谦下待民,要以"不争"使天下莫能与之争。

本章用韵:下后(下,鱼部;后,侯部) 争争(耕部,叠字为韵)

六十七章

天下皆谓我道大，似不肖①。夫唯大，故似不肖。若肖，久矣其细也夫②。我有三宝，持而保之③：一曰慈，二曰俭，三曰不敢为天下先。慈故能勇④，俭故能广⑤，不敢为天下先故能成器长⑥。

今舍慈且勇，舍俭且广，舍后且先，死矣⑦。

夫慈，以战则胜，以守则固。天将救之，以慈卫之⑧。

① 不肖，不像，指不像任何具体的东西。

② "若肖"二句，王弼注："久矣其细，犹曰其细久矣。肖则失其所以为大矣，故曰'若肖，久矣其细也夫'。"（细，《敦煌唐写本老子残卷》辛本作"小"。"肖小"叶韵，宵部。）

③ 持，持有，掌握。持而保之，《景龙碑》作"持而宝之"，敦煌古写本《太上玄元道德经》残卷作"宝而持之"。

④ 老子所谓慈，为慈柔之意，非慈爱之义。勇，能胜敌曰勇。慈故能勇，慈柔故能勇敢胜敌，即三十六章"柔弱胜刚强"，四十三章"天下之至柔，驰骋天下之至坚"之意。

⑤ 老子所谓俭，为检束、卑谦之意，非节约费用之义。《说文》："俭，约也。"段玉裁注："约者，缠束之也。俭者，不敢放侈之意。"《荀子·非十二子》"俭然侈然"，杨倞注："俭然，自卑谦之貌。"与五十九章"治人事天莫若啬"之"啬"同义。广，大也。俭故能广，俭束故能发展壮大，即三十四章"以其终不自为大，故能成其大"之意。

⑥不敢为天下先,即上章"欲先民必以身后之"之意。器,物也,此指民众。不敢为天下先,故能成为民众之长,与七章"后其身而身先"同义。

⑦且,王弼注,"取也"。

⑧前面提出我有三宝,然后论述三宝的作用,接着指出不取三宝的危害。至此结构完整,文意完美。最后"夫慈,以战则胜,以守则固。天将求之,以慈卫之"一段,只说明"慈",而不及"俭"与"不敢为天下先",疑为后人注语。

★(一)本章前段,谓天下皆谓我道广大无限,却不像任何具体物。正因为广大无限,所以不像任何具体物;如果像某种具体物,那它早就是渺小的了。

后段"我有三宝",提出"慈""俭""不敢为天下先"三宝,实即前面已多次反复的"柔弱胜刚强""不自为大故能成其大""欲先民必以身后之"的另一种表述方式。

(二)老子有些概念,往往为后世注家所曲解。如慈,注家多用儒家的仁慈、慈爱和现代的人道主义去解释。如陈鼓应《老子注译及评介》谓"慈"为"爱心加上同情感","是人类友好相处的基本动力","老子身处战乱,目击暴力的残酷面,深深地感到人与人之间慈心的缺乏,因而极力加以阐扬"。这是极大的误解。老子认为,天地圣人,任物自然,并无情爱,他固然反对战争,反对压迫,但并不宣扬仁慈。对"俭"的曲解更为普遍。王弼注:"节俭爱费,天下不匮,故能广。"可见从王弼开始,老子的"俭"即被误解。有些注家说,老子提出"俭","反映了老子对当时贵族阶级穷奢极欲、残酷剥削人民所持的反对态度"。老子确实反对奢侈,自然就主张节俭,但不体现在所谓"三宝"的"俭"中。五十九章云:"治人事天莫若啬。夫唯啬是谓早服,早服谓之重积德,重积德则无不克,无不克则莫知其极,莫知其极可以有国,有国之母可以长久。"老子对"啬"的阐述,完全可以移用于"俭",而决非"节俭爱费"之意。理解老子的任何词语,都必须紧扣老子思想的整体,才不致作出错误的解释。注释家的任务,是解释原文的含义,而不要代为立论。

本章用韵:宝保(幽部) 勇广长(勇,东部;广长,阳部)

六十八章

善为士者不武,善战者不怒,善胜敌者不与①,善用人者为之下②。是谓不争之德,是谓用人之力;是谓配天,古之极③。

①士,指将帅。王弼注:"士,卒之帅也。"怒,不怒,指挥战争需要冷静,而愤怒容易失去控制,造成失误,故不能发怒。与,对也,指敌对。《左传》襄公二十五年"一与一谁能惧我"。《史记·孙武吴起列传》"今以君之下驷与彼上驷","与"皆敌对之义。王弼注:"与,争也。"善为将者不逞武力,善于战者不愤怒逞强,善胜敌者不用争斗。

②善用人,此亦指为将用人。下,谦下。善用人者为之下,六十六章"欲上民必以言下之,欲先民必以身后之",与此意同。

③德,犹言策略。力,犹言本领。天,自然。极,法则。四句意谓,不逞武,不斗狠,待人谦下,这就叫不争的策略,叫用人的本领;这就叫配合自然,是自古以来的法则。

★(一)本章言为将之道,对敌应不战而屈人之兵,对士卒应谦而下之使乐于为用。

(二)《孙子·谋攻篇》:"是故百战百胜,非善之善者也;不战而屈人之兵,善之善者也。"此与"善战者不怒,善胜敌者不与"词旨略近。但两者的思想基础不同:孙子说的是通过高明的战略来克敌制胜,而老子表述的是他的"柔弱胜刚强"的哲学在军事上的体现。

（三）"是为配天，古之极"，俞樾《老子平议》："疑'古'字衍文也。'是谓配天之极'六字为句，与上文'是谓不争之德，是谓用人之力'，文法一律。其衍'古'字者，'古'即'天'也。《周书·周祝篇》曰：'天为古。'《尚书·尧典篇》曰：'曰若稽古帝尧。'郑注曰：'古，天也。'是'古'与'天'同义。"按，俞说非是。"天为古"，并非"天即古"。"古帝尧"，古之帝尧。其义甚明。"是谓不争之德，是谓用人之力"，两句平列。"是谓配天，古之极"，为全章总括，与上二句文法不一律。

本章用韵：武怒与下（鱼部） 德力极（职部）

六十九章

用兵有言①：吾不敢为主而为客，不敢进寸而退尺②。

是谓行无行，攘无臂，执无兵，扔无敌③。

祸莫大于轻敌，轻敌幾丧吾宝④。

故抗兵相加，哀者胜矣⑤。

① 用兵，用兵者。用兵有言，军事家曾说。

② 敢，能愿之意。为主，指主动进攻。为客，指守以待敌。攻者为主，守者为客。句意谓，我不采取攻势而宁愿采取守势，不前进一寸而宁愿后退一尺。

③ 行（háng），阵也；此动词，对阵作战。攘，援臂，此指援臂搏斗。执，抓住，此用为夺取之意。扔，强力牵引也。"是谓"四句，王弼注："彼遂不止。行，谓行阵也。言以谦退哀慈，不敢为物先。用战犹行无行，攘无臂，执无兵，扔无敌也。言无有与之抗也。"彼，指敌人。遂，进也。可知这四句均就敌方言之："彼遂不止"，敌方进攻不止，而我守而不攻，退而不进，如此敌人"无有与之抗也"，虽欲对阵而无阵可对，虽要援臂搏斗而无臂可援，虽欲夺我兵器而无兵器可夺，虽欲引敌相拼而无敌可拼。"无有与之抗也"，即上章"善胜敌者不与"之意。（"执无兵，扔无敌"，王本原作"扔无敌，执无兵"，此从《遂州碑》、《敦煌唐人写本老子残卷》辛本壬本及《长沙马王堆汉墓帛书老子》。王弼注："用战犹行无行，攘无臂，执无兵，扔无敌也。"是王本原亦作"执无兵，扔无敌"也。行、兵；臂、敌，隔句叶韵。）

④ 轻敌，轻视敌人，即过低估计敌人力量而盲目冒进，几（幾），殆也。宝，

河上公注,"身也",犹言生命,二句谓,灾祸莫大于轻敌,轻敌将葬送我方的生命。

⑤抗,敌也。抗兵,指力量相当的两军。加,陵也。相加,两军相互凌逼,即相对之意。王弼注:"加,当也。"当,亦对也。河上公注:"两敌战也。"哀,思也,哀者思深。二句谓,力量相敌的两军相对,哀而思深者胜。老子认为,"兵者不祥之器","不得已而用之"。故用兵临阵,要心怀忧思,即使胜利也应"以哀悲莅之","以丧礼处之"(三十一章)。如此用兵,才不致轻敌冒进,乃能取胜。宋林希逸《老子口义》谓:"哀者,戚然不以用兵为喜,击鼓其镗,踊跃用兵,则非哀者矣。"得老子之旨。

★(一)本章言用兵之道,应以守为攻,以退为进,决不能轻敌冒进,"故抗兵相加,哀者胜矣"。老子反对轻敌,主张持重,无疑是可取的。但战争中的进攻退守是辩证的统一,应根据具体情况灵活运用。而老子用他的"无为而无不为""柔弱胜刚强"的哲学原则来研究战争,一味主张守而不攻,退而不进。在理论上过于绝对,不符合战争规律,验之战争实践也行不通。

(二)"是谓行无行,攘无臂,执无兵,扔无敌"四句,本帙按王弼注解释。王弼注"彼遂不止",明说敌人进攻不止。清陶鸿庆《读老子札记》谓"'彼'疑当为'进'",后来注家即据以讲作自己一方,谓我方"行进没有行列,高举没有手臂,执持没有武器,攻打没有敌人"。这样训释,极为错误,远不如王弼之说确切。

本章用韵:客尺(铎部) 行兵(阳部) 臂敌(锡部)"行臂兵敌"隔句交错叶韵

七十章

吾言甚易知,甚易行,天下莫能知,莫能行①。
言有宗,事有君。夫唯无知,是以不我知②。
知我者希,则我者贵。是以圣人被褐怀玉③。

①知,理解。行,实行。句意谓,我的话很容易理解,很容易实行;而天下却没有人理解,没有人实行。

②宗,君,皆根本之意。事,义同《吕氏春秋·谕大》"故务在事"之事,为也,犹言行动。句意谓,我的理论有它的宗旨,行动有它的原则。人们没有掌握这个根本,所以不能理解我。

③知,理解。希,少也。则,取法,效法。贵,蒋锡昌《老子校诂》:"物以希为贵,贵亦少也。"圣人,指得道之士。被(pī),穿着。褐,粗布,此指粗布之衣。被褐,代指清苦的生活。怀,抱。怀玉,喻胸怀大道。三句谓,理解我的人非常之少,效法我的人尤为难得,所以圣人总是外被粗褐而内怀美玉。

★(一)老子于自己的学说主张,总是居高临下,没有丝毫的犹疑。唯于此章,终未免哲人的苦闷,同样有"道之不行也"的慨叹。觉得自己的道"天下莫能知,莫能行","知我者希,则我者贵",自不无孤独寂寞之感。但老子仍非常自信,"是以圣人被褐怀玉",既是对圣人的理解,也不无隐然自命之意。

(二)"知我者希,则我者贵",傅奕《道德经古本篇》作"知我者希,则我贵矣"。马叙伦即据傅本订正王本。按,王弼本不误。"知我者希,则我者贵",两句相对。老子谓理解我者甚少，效法我者难得。老子思想虽甚为深邃，但他自己认为"吾言甚易知，甚易行"；他是非常希望天下人知之而且行之的，而绝不会认为知者希少则我更为珍贵。又，《马王堆汉墓帛书老子》甲本此句有"……我贵矣"残句，乙本此句作"知我希，则我贵矣"，与傅奕本相同。人们以为帛书一定可信，既然傅奕本与帛书相同，则必然准确而王弼本有误。其实不然。这里有一个问题需要特别说明。从汉墓中出土古本自然价重连城，但并非凡是古本文字就都一定正确；古犹今也，同样是正误并存。须知王弼也来自古本，就现存《老子》诸本看，王弼本仍是最好的文本。就"知我者希，则我者贵"而言，王弼本远较汉墓本和傅奕本为优。老子主张处卑，主张谦下，把"慈""俭""不敢为天下先"作为自己的"三宝"。在七十二章中明确地说，圣人"自爱不自贵"。他怎么会有"则我贵矣"那样肤浅而且庸俗的感觉？一九九〇年甘肃敦煌洞窟中发现大量北宋以前的古代写本文书，有相当大一部分可用以校对古代典籍。友人李正宇先生在那里研究三十年之久。我去敦煌查阅过两次，知道不少写本可以用来校对现存古籍，但写本本身错误极多，有的文书不经过校正甚至无法阅读；决不是古本就一定可信。

本章无韵。

七十一章

知不知,上;不知知,病①。
圣人不病,以其病病。
夫唯病病,是以不病②。

①病,义同《论语·卫灵公》"君子病无能焉"之病,患也,此处犹言灾难,错误。首二句谓,以知为不知,最好;以不知为知,那就糟糕。河上公注:"知道言不知,是乃德之上,不知道言知,是乃德之病。"

②"圣人不病"四句,王本作"夫唯病病,是以不病。圣人不病,以其病病,是以不病",语言累赘,此从《太平御览·疾病部》引文,最为简明顺畅。《景龙碑》作"是以圣人不病。以其病病,是以不病",亦不如《御览》所引。四句谓,圣人不犯错误,因为他认识到错误是错误;能认识到错误之为错误,也就不犯错误。

★(一)《论语·为政》孔子曰:"知之为知之,不知为不知,是知也。"孔老都反对以不知为知,是则同。然孔主"知之为知之",老主以知为不知,是则异。

(二)"知不知",即以知为不知。或解作"知道自己有所不知",非是。两句相对,讲作"以知为不知,以不知为知",二句并通,若解为"知道自己有所不知,不知道自己有所知",后一句不近情理。此其一。十章云:"明白四达,能无知乎?"虽明白四达而仍若无知,即以知为不知之意。此其二。五十六章云:"知者不言,言者不知。"六十三章"味无味",《文子》引作"知无知"。可知解作

"以知为不知",符合老子思想。此其三。此二句《淮南子·道应》引作"知而不知,尚矣;不知而知,病也"。其义甚明。此其四。宋陈旉《农书》意引作"能知其所不知者,上也;不能知其所不知者,病也"。用意虽好,但语句与老子原文相左,意思更与老子原意不符。

本章用韵:上病(阳部)

七十二章

民不畏威，则大威至^①。
无狎其所居，无厌其所生^②。
夫唯不厌，是以不厌^③。
（是以圣人自知不自见，自爱不自贵。故去彼取此^④。）

① 威，威胁，威压。当人民不怕威胁的时候，对统治者的大威胁就来了。人民承受压迫是有限度的，超过了限度，他们就会起来反抗。

② 狎，通"狭"，河上公《老子道德经》、顾欢《道德经注疏》、《景龙碑》、敦煌古写本《太上玄元道德经》残卷并作"狭"。《广韵·洽韵》："狭，隘狭。"挤压、逼迫之意，与下一句"厌"实同义。厌，同"压"，迫也。二句谓，不要凌逼人民生存之地，不要断绝人民生活之路。

③ "夫唯不厌"二句谓，只有不威压人民，统治者才不会受到人民的威压。换言之，即统治者不施淫威，则大威不至。

④ 自见（xiàn），自我表现。自贵，自命高贵。去彼，去自见、自贵；取此，取自知、自爱。马叙伦《老子覈诂》谓"是以"以下三句与上文不相衔贯，上文至"夫唯不厌，是以不厌"，已文意完足。按，马说甚是，故加圆括以示区别。

★本章老子告诫统治者，对人民的压榨要有限度，"狎其所居"、"厌其所生"，使人民无法生存，人民会起来反抗。"民不畏威，则大威至"，确是极为深刻的至理名言，也是历史事实的最好总结。《国语·周语上》："厉王虐，国人谤王。王怒，得卫巫，使监谤者，以告，则杀之。国人莫敢言，道路以目。"厉王自以为把国人压服了，没想到三年之后，国人起来造反，将厉王推翻流放于彘。《史记·秦始皇本纪》：秦始皇帝灭亡六国，统一天下，"于此废先王之道，焚百家之言，以愚黔首。堕名城，杀豪俊，收天下之兵聚之咸阳，销锋铸鐻，以为金人十二，以愚黔首之民"。对人民的钳制与镇压，无所不用其极。始皇自以为"关中之固，金城千里，子孙帝王万世之业也"。没想到始皇一死，不到三年，王朝即土崩瓦解。这都是"民不畏威，则大威至"的最好例证。所以老子发出的警告，不仅在当时很有现实意义，对后世的统治者也是极好的针石。

本章无韵。

七十三章

勇于敢则杀,勇于不敢则活①。此两者或利或害②。
天之所恶,孰知其故③!(是以圣人犹难之。)④
天之道,不争而善胜,不言而善应,不召而自来,繟然而善谋⑤。
天网恢恢,疏而不失⑥。

① 勇,《说文》,"气也";《玉篇》,"果决也"。敢,《说文》,"进取也"。勇于敢,断然行动,有为也。杀,死也。勇于不敢,无为也。勇于有为则死,勇于无为则活。

② 或利或害,犹一利一害。利,谓勇于不敢则活;害,谓勇于敢则杀。

③ "天之所恶,孰知其故",这是反问句,意思其实是明白的,下文就是对问题的解答。

④ 是以圣人犹难之,此六十三章文复出于此,《景龙碑》、《敦煌唐写本老子残卷》辛本皆无此句。

⑤ 天之道,自然的法则。不争而善胜,不争斗而善于取胜,即二十二章"夫唯不争,故天下莫能与之争"。不言而善应,不言语而得到好的效果,即二章之"行不言之教"。不召而自来,不用召唤而自动来归。王弼注:"处下则物自归。"如江海处下而百川归之。繟(chǎn)然,宽缓之貌。宽缓自如而善于筹划。

⑥ 天网,喻天道自然。恢恢,宽大之貌。自然之网宏伟无边,稀疏而无所漏失。

★老子主张一切委之自然,不应强加人力。

本章用韵:杀活害(月部) 恶故(恶,铎部;故,鱼部) 胜应(蒸部)来谋(之部) 恢失(恢,之部;失,质部)

七十四章

民不畏死,奈何以死惧之①:若使民常畏死,而为奇者吾得执而杀之,孰敢②?

常有司杀者杀。夫代司杀者杀,是谓代大匠斫;夫代大匠斫者,希有不伤其手矣③。

①惧,威胁,恐吓。而,犹"则"也。为奇者,为诡异非常者,如造反、闹事之类。王弼注:"诡异乱群,谓之奇也。"人民不怕死,怎么能用死去吓唬他们?

②"若使"三句,谓如果(主观地)认为人民总是怕死的,对闹事的人我可以抓来杀掉,看谁胆敢这样做!——按,"孰敢"之"孰"指统治者,这是老子对统治者的警告。有些注家以"孰"指"为奇者"即不堪忍受统治者暴虐的人民。如陈鼓应将这三句翻译为"对于那些为邪作恶的人,我们就可以把他抓来杀掉,谁还敢为非作歹?"如此理解,如此翻译,完全站在暴虐的统治者立场上说话,与老子"民不畏死,奈何以死惧之"的思想正好相反。

③常有司杀者,永恒的司杀者。大匠,高明的木匠。斫(zhuó),砍。那个永恒的司杀者负责杀人。如果代替"司杀者"杀人,就像代替大匠砍木。代替大匠砍木,很少有自己不砍伤手的。

★(一)"民不畏死,奈何以死惧之!""民不畏威,则大威至。"没有谁像老子一样把这一真理说得如此洞明透彻。他给予一切凶残的统治者以当头棒喝。嬴秦之灭,新莽之亡,无数类似的历史事实,都证明了老子这些至理名言的无比正确。当统治者需要用"杀"来镇压人民的时候,他自身的末日也即将来到。

(二)"常有司杀者",按老学之旨,仍是顺应天道自然之意。然就其语句,似冥冥中自有主宰。河上公注云:"司杀者天,居高临下,司察人过,天网恢恢,疏而不失。"如此阐释,俨然已是迷信。然老子哲学并无迷信。王弼注云:"为逆,顺者之所恶忿也,不仁者,人之所疾也。故曰常有司杀也。"王弼之意,所谓"常有司杀者"似指人民群众,人民群众对恶人自会惩罚。此意固佳,然验之老子全书,老子似无此意。细揣老子之意,所谓"常有司杀者"应指自然之道,亦即必然性,统治者自身行为造成的必然性。统治者清静无为,"去甚,去奢,去泰",不困扰百姓,则必然长生久视;反之,统治者肆意妄为,奢侈无度,"食税之多","生生之厚",则必然灭国亡身。

本章用韵:死之死之(死,脂部;之,之部) 斫手(斫,侯部;手,幽部)

七十五章

民之饥，以其上食税之多，是以饥①。
民之难治，以其上之有为，是以难治②。
民之轻死，以其上生生之厚，是以轻死③。
夫唯无以生为者，是贤于贵生④。

①税，赋税，租税。"食税之多"之"之"，甚也，太也，过也；后文"求生之厚"之"之"同。食税之多，侵吞人民缴纳的赋税太多。"民之饥"三句谓，人民饥荒，是由于统治者吞食赋税太多，所以造成饥荒。

②有为，指政令烦苛、赋税繁重之类。人民难治，是由于统治者政令过于烦扰，所以难以治理。

③轻死，指敢于铤而走险，不惜牺牲生命，即民不畏死之意。生生之厚，谓过分地追求权欲、财货和一切享受。参见五十章注。人民轻死，是由于统治者过度追求私欲的满足，所以民不畏死。（以其上生生之厚，王本作"以其求生之厚"，此据傅奕《道德经古本篇》补"上"字；并据《景龙碑》、《敦煌唐写本老子残卷》辛本改"求生之厚"作"生生之厚"。五十章"出生入死。生之徒十有三，死之徒十有三，人之生动之死地亦十有三。夫何故，以其生生之厚"，含义相近。）

④无以生为，即不唯"生生之厚"是务，不追求生活的享受，私欲的满足。贵生，即生生之厚。只有不唯生是务、清静寡欲的人，乃胜过极力追求生活享受者。

★老子在本章中指出，人民的一切灾难，都是统治者贪婪无厌造成的；人民的反抗，社会的动乱，是统治者烦扰压迫的结果。因此，老子告诫统治者要清静寡欲，"无以生为"，以求得社会的安宁，与七十二章、七十四章精神一致。由"民之饥"，而至"民之难治"，至"民之轻死"，三者依次递进，揭示社会动乱的根源，至为清楚。

本章用韵：饥饥治治死死（饥死，脂部；治，之部）

七十六章

人之生也柔弱，其死也坚强；草木之生也柔脆，其死也枯槁①。
故坚强者死之徒，柔弱者生之徒②。
是以兵强则不胜，木强则兵③；强大处下，柔弱处上④。

① 坚强，指僵硬。人活的时候身体柔弱，死了变得僵硬。草木活的时候枝叶柔脆，死了变得枯槁。（"草木"上王本原有"万物"二字。此从傅奕《道德经古本篇》。"草木"与"人"相对。"柔脆""枯槁"只适于草木，不适用于他物。）

② 徒，涂也。所以坚硬乃死之道，柔弱是生之涂。

③ "兵强"之"兵"，刀，名词。"木强则兵"之"兵"，用刀砍，动词。胜，任也；任，保也。不胜，犹言不任，不保，指容易折断。刀子过于锋利容易折断，树木长得高大会被砍掉。

④ 上、下，犹优、劣。末二句谓坚强处劣势，柔弱处优势。（强大处下，《景龙碑》作"坚强处下"。）

★（一）老子从人生时柔弱，死时僵硬，植物生时柔脆，死乃枯槁，兵强则不胜，木强则兵等现象中，抽象出"强大处下，柔弱处上"的规律，充分发挥其"柔弱胜刚强"的奥义。

（二）老子常用自然现象来阐扬哲理，大多生动精辟，然亦间有不甚妥当者。如本章用动植物因生死引起的软硬变化，同事物品性上抽象的柔弱刚强混同，则颇嫌不伦。

（三）"兵强则不胜，木强则兵"，俞樾、易顺鼎、刘师培、马叙伦、奚侗等，都认为此两句"于义难通"，并据《列子·黄帝》《文子·道原》《淮南子·原道》引文订正作"兵强则灭，木强则折"。按，原文不误，并非"于义难通"，不应改动。查诸多《老子》版本并作"兵强则不胜，木强则兵"，都与王本一致。且"兵"与"上"叶韵，更证明王本不误。《列子》《文子》《淮南子》等书中老子云云，并不全用《老子》原文，甚至并非老子之言者亦比比皆是。故凡属原文通顺者即不宜据他书修改。又，注家多释"兵"为军队，非是。句中"兵""木"相对，都是比喻。"兵"义为刀无疑。句中前后两"兵"字，词性名动有别而词义相关，系名动同词。将"兵"字理解为军队，则前后两"兵"字毫无关系，且后句"木强则兵"无法理解。诸家之所以说此二句"于义难通"就是将"兵"误解为军队之故。

本章用韵：兵上（阳部）

七十七章

天之道其犹张弓与？高者抑之，下者举之；有馀者损之，不足者补之①。

天之道损有馀而补不足。人之道则不然，损不足以奉有馀②。

孰能有馀以奉天下？唯有道者③。

〔是故圣人不积，既以为人己愈有，既以与人己愈多。天之道利而不害，圣人之道为而不争。〕④

是以圣人为而不恃，功成而不处，其不欲见贤⑤。

①天之道，自然法则。张弓，拉弦开弓。《说文》："张，施弓弦也。"自然法则犹如拉弦开弓，高了就压下一点，低了就抬高一点，拉得过满就适当减力，拉得不足就适当使劲。

②损，减损。补，弥补。"天之道"减损有馀以补不足；"人之道"却不是如此，减损不足以进奉有馀。人之道，实指统治者的行为。损不足以奉有馀，指向穷苦人民掠夺供统治者奢靡花费。

③"孰能有馀"二句，谓谁能以有馀供给天下的不足，只有有道的人才能做到。

④"是故圣人不积"五句八十一章文，与该章上文不相关联，而与本章内容吻合。又，诸本无"是故"二字，唯汉严遵《道德真经指归》有此二字，据以补入。不积，不积聚财富。既，尽也。为，施；与"为而不争"之"为"同。所以圣人不积聚财富，尽以施人而己愈富有，尽以与人而己愈饶足。天之道利人而不

害人，圣人之道施与而不争夺。

⑤ 见（xiàn），表现，显露。贤，贤能。奚侗《老子集解》云："是以圣人三句与上文谊不相附。上二句已见二章，又复出于此。"

★老子看到了"损不足以奉有馀"的社会不平，认为违反"天道"。他希望有道的统治者，能"有馀以奉天下"，不积藏财富。然而在封建社会，永远只是哲人美好的理想。

本章用韵：举补馀下者（鱼部）

七十八章

天下莫柔弱于水，而攻坚强者莫之能胜，其无以易之①。

弱之胜强，柔之胜刚，天下莫不知，莫能行②。

是以圣人云："受国之垢，是谓社稷主；受国不祥，是为天下王③。"正言若反④。

①"天下莫柔弱于水"三句谓，世间没有比水更柔弱的了，而摧毁坚强之物没有什么能胜过水，没有什么能代替它。如洪水暴涨，海啸发生，都可能造成严重破坏，确是"攻坚强者莫之能胜"。

②"弱之胜强"四句谓，弱胜过强，柔胜过刚，天下没有人不知道，但没有人能实行。

③垢，污垢，屈辱。不祥，灾殃。社稷主，天下王，均最高统治者。能承受全国的垢辱，才算社稷之主；能承担全国的灾殃，才能为天下之王。

④正言若反，正面的话如同反话。此乃对"圣人云"的评述。社稷主，天下王，为天下之尊贵，而必须能受国之污垢，受国之灾殃。看是反话，而实是真言，故曰"正言若反"。

★（一）本章以水为喻，说明"柔弱胜刚强"的道理。四十三章云："天下之至柔，驰骋天下之至坚。"水能攻坚，是最好的例证。老子宣扬"柔弱"，目的在于"胜刚强"。故认为要作社稷主，天下王，就必须"受国之垢"，"受国不祥"。八章云："上善若水，水善利万物而不争。处众人之所恶，故几于道。"与此可以合读。

（二）《淮南子·原道》云："天下之物，莫柔弱于水。然而大不可极，深不可测；修及于无穷，远沦于无涯。息耗减益，通于不訾。上天则为雨露，下地则为润泽；万物弗得不生，百事不得不成。大包群生，而无好憎；泽及蚑蛲，而不求报。富赡天下而不既，德施百姓而不费。行而不可得穷极也，微而不可得把握也。击之无创，刺之不伤，斩之不断，焚之不然。淖溺流遁，错缪相纷，而不可靡散。利贯金石，强济天下。故老聃之言曰：'天下至柔，驰骋天下之至坚。出于无有，入于无间，吾是以知无为之有益。'"此即敷陈《老子》本章与四十三章之义。

本章用韵：强刚行（阳部） 垢主（侯部） 祥王（阳部） 言反（元部）

七十九章

和大怨，必有馀怨。〔报怨以德〕，安可以为善①。
是以圣人执左契而不责于人②。
有德司契，无德司彻③。天道无亲，常与善人④。

① 和，平也。和大怨，犹《论语》"以直报怨"，即公正地对待仇怨。安，义同《荀子·正论》"先王圣人安为之立中制节"之安，乃也。对大怨即使公平对待，也"必有馀怨"，只有"报怨以德"，乃可以为善。"报怨以德"原在六十三章，与上下文谊不相关联。移置于此，上下文谊契合。

② 契，券契，此指借契。古代刻木为契，剖分左右，双方各执一半以为符信。贷方执左，借方执右。责，求也，此指责求偿还债务。"圣人"待人宽厚，报怨以德，如手执借契而不责求借债者偿还。句中省去比喻词，实非真指借贷。

③ 彻，税收。周代税法名曰"彻"。《论语·颜渊》"盍彻乎"，郑氏注："周法，什一而税谓之彻。"《孟子·滕文公上》："周人百亩而彻，其实皆什一也。"有德者待人接物，对待仇怨，如圣人保管借契，并不逼人偿还；无德者则如税务官收税，逼人交纳。

④ 与，助也。天道，自然之道。天道无所偏爱，总是佑助善人。《左传》僖公五年引《周书》曰："皇天无亲，惟德是辅。"与老子此语相似，内涵有别：老子"天道"指自然之道；周书"皇天"，指冥冥中的上天。

★（一）《论语·宪问》："或曰：'以德报怨，何如？'子曰：'何以报德？以直报怨，以德报德。'"或人所问，似针对老派学者而言，或者本身就是道家者流。两相对照，显示出老、孔在协调人事关系、处理恩怨问题的不同态度。孔子主张"以直报怨"，老子宣扬"报怨以德"。儒家主张刚柔相济，道家主张以柔克刚。不同的思想基础，决定了他们不同的处世态度。

（二）"有德司契，无德司彻"，所谓"司契""司彻"都是比喻。有些注家认为老子在论述税收政策。如张松如《老子校读》说："彻乃周之贵族领主庄园制所实行的税法，以力役地租为主。至于司契，当是普遍地以实物地租代替了力役地租以后，在地主与农民间订立的一种契约关系。"这与老子思想大相径庭。如果老子说的是有德者收的是实物地租，无德者收的是力役地租，那"有德"和"无德"又有何区别？

本章用韵：怨善（元部） 契彻（月部） 亲人（真部）

八十章

小国寡民①:

使有什伯之器而不用,使民重死而不远徙,虽有舟舆无所乘之,虽有甲兵无所陈之②。

使人复结绳而用之,甘其食,美其服,安其居,乐其俗③;邻国相望。鸡犬之声相闻,民至老死不相往来④。

① 国,城邑。《国语·周语》"国有班事",韦昭注:"国,城邑也。"寡,少也。

② 什伯之器,各种器物。什伯,言甚多也。《一切经音义》:"什,众也,杂也,会数之名也,资生之物谓之什物。"《史记·五帝本纪》"作什器于寿丘",索隐:"什器,什,数也;盖人家常用之器非一,故以十为数,犹今云什物也。"不是凡器都不用,而是"什伯之器"不用。什伯之器,指过多过甚的设施。重死,以死亡为重,即不轻冒生命危险,故不远徙。陈,同阵,阵之,即用于列阵作战。小国寡民,使有诸多器物而不使用,使人民重视生死而不远行,虽有车船而不用于乘坐,虽有甲兵而不用于战阵。

③ 结绳,古代无文字数策,结绳以纪事。《易·系辞下》:"上古结绳而治,后世圣人易之以书契。"结绳而用之,敦煌古写本《太上玄元道德经》残卷作"结绳而为之",为,治也,"使人"二字直贯五句。使人复结绳纪事,无过高的生活欲求,以其饮食为甘,以其服饰为美,以其居处为安,以其习俗为乐。"使有什伯之器"四句,从使人不怎么样方面说。"使人复结绳"五句,从使人要怎么样

方面说。

④"邻国相望"三句谓，邻近的城邑可以互相望见，鸡鸣犬吠之声相闻，然彼此不相干涉，自亦没有矛盾，民至老死不相往来。

★（一）"小国寡民"是老子理想的社会模式。老子厌于当时战乱频仍，社会动荡，统治者大多奢侈无度，贪婪无厌，人民受苛政的困扰，战争的蹂躏，处于水深火热之中，如此设想出一个没有剥削，没有压迫，清静无为，相安无事的社会。那里没有硕鼠，没有豺狼，没有黑白两道，人民可以日出而作，日入而息，过着太平安逸的生活。这种中国式的古代乌托邦当然是不存在的，但确也在一定程度上反映了苦难人民的愿望。后代每当丧乱之世，人们总免不了向老子的理想国中去寻找安慰。"春蚕收长丝，秋熟靡王税。荒路暖交通，鸡犬互鸣吠"，陶渊明幻想的桃花源就是一个"小国寡民"的理想世界。

《礼记·礼运》描述了一个大同之世的社会，曰："大道之行也，天下为公，选贤与能，讲信修睦。故人不独亲其亲，不独子其子。使老有所终，壮有所用，幼有所长，矜寡孤独废疾者皆有所养。男有分，女有归。货恶弃于地也，不必藏于己；力恶其不出于身也，不必为己。是故谋闭而不兴，盗窃乱贼而不作，故外户而不闭。是谓大同。"

《老子》的"小国寡民"与《礼运》的"天下为公"是先秦无独有偶两个幻想的社会模式。"小国寡民"老子没有说是远古社会，实际上是把远古社会理想化。《庄子·胠箧》的作者重复老子的话，则明说是远古"至德之世"的社会景况。"天下为公"假托为孔子所说三代以前的社会情景，其实是战国时代儒家学者设计的社会蓝图。两者比较，道家"小国寡民"幻想远古的社会人民自然生存，是没有统治者的，即使有也会是"太上不知有之"。儒家"天下为公"的理想社会是有统治者的，这些统治者是选举产生的贤能，"选贤与能"，他们对人民承担责任。儒道两家哲人的社会理念不同，却同样反映了战乱中人民对安定生活的向往。

（二）"使有什伯之器而不用"，俞樾曰："十伯之器，乃兵器也。"俞说非是。什伯之器，所涉器物范围甚广，明说"什伯"，言其多也，并非凡器都不用。拘于

— 八十章 —

兵器则甚狭窄。且下文"甲兵无所陈之",兵器不应先后重出。

(三)"虽有甲兵无所陈之",陈之,陈鼓应译为"陈列",非是,甲兵非陈列之物。陈通"阵";"陈之"即"阵之",与"乘之"同列,并就使用而言。

本章用韵:死徙(死,脂部;徙,支部) 乘陈(乘,蒸部。陈,真部) 食服(职部) 居俗(居,鱼部。俗从谷声,屋部) 死来(死,脂部;来,之部)

八十一章

信言不美,美言不信①。
善者不辩,辩者不善②。
知者不博,博者不知③。
(圣人不积,既以为人己愈有,既以与人己愈多。天之道利而不害,圣人之道为而不争。)④

① 信,诚也。信言,实在诚信之言。美言,花言巧语之言。实在诚信之言不华美,花言巧语之言不诚信。此二句傅奕《道德经古本篇》作"信者不美,美者不信",亦佳,且与后文形态一致。

② 辩,巧辩。善良之人不巧辩,巧辩之人不善良。

③ 博,《礼记·中庸》"溥博渊泉""溥博如天","博"与"溥"同义,布也,陈也,此处犹言炫耀。有知识的人不炫耀,炫耀的人无知识。(注家训"博"为广博者非是。)

④ "圣人不积"五句与前六句文谊不相联属,盖七十七章文错简于此。见七十七章注。

★ "信言不美,美言不信。善者不辩,辩者不善。知者不博,博者不知。"只是就世情言之,其警世之意,灼然可见。注家或谓老子"把事物表面和内容的不一致绝对化,从而陷入形而上学"。这其实是把老子的话"绝对化",而且把有特定内涵的话普遍化,批评者倒未免陷入"形而上学"之嫌。《老子》一书固深扬哲

— 八十一章 —

理，然而也广涉世情。凡属揭示人心世态的格言，都不能绝对看待；人谁莫不如此，非独老子为然。

本章无韵。

古韵分部说明

一、古韵研究，清代诸音韵大师功绩卓著，至近世章太炎、黄侃而臻于完善。黄在章太炎二十三部基础上，分古韵为二十八部。后王力对二十八部小有调整，将其中灰部分为脂、微二部，萧（宵）部中入声字立为药部，又将冬、覃（侵）二部合为侵部，得二十九部。今音韵学界基本上尊用二十九部，但仍将冬、侵分立，成为三十部。兹将三十韵部按阴、阳、入相配，排列如下：

阴声韵	入声韵	阳声韵
之	职	蒸
幽	觉	冬
宵	药	
侯	屋	东
鱼	铎	阳
支	锡	耕
脂	质	真
歌	月	元
微	物	文
	缉	侵
	叶	谈

二、《老子》韵读，前人亦多有研究，江有诰《老子韵读》、姚文田《古音谐》等皆成绩斐然。朱谦之《老子校释》分析尤为精审。本帙即按三十韵部，参照朱书所析，一一重新厘正。——一九八八年四月十七日上珞珈山看望周大璞老师，老师以校友陈复华、何久盈所著《古韵通晓》见惠，本书韵字归部即遵用陈何二位的大著。

三、全书用韵，列在每章星评之后。《老子》用韵，对照今人所分韵部，多有互转通叶，都一一注明。如二章"玄，胡均反，真部；门，文部"，即"真""文"通叶。馀可类推。

修订后记

《老子本原》原是我讲授《老子》的讲稿，定稿于一九八九年，友人李正宇先生为之序，一九九五年由人民文学出版社出版，一九九八年第二次印刷。这次修订只修正了注释中个别不够准确之处，星评也有所调整，文字较初版略微丰满。

在数以百计的老学著作中，我的《老子本原》大概是最薄的一本，是解说得最为简明而通俗的一本。我力求充分发掘原著旨意，而又让一般读者也能读懂。古代和当世的老学著作真知灼见很多，但可商之处亦复不少。其中比较突出的误解是注家们不自觉地以儒学或禅学去解释老子。二十世纪五十年代学者们拼死去争"道之为物也"是唯心主义还是唯物主义。现在最时髦的作法则是用当代外国的某些观念去附会中国古代的哲学，往往使本来明白者反而不知所云。我则力求老子仍然是老子，道家还是道家，故释老子而称为"本原"。"本"，探索推求之意；"本原"也者，探索推求其原意也。当然，"本"老子之"原"，谈何容易，尽力为之而已。书中引用了古今学者许多精辟的见解，也对一些较为突出的纰缪之说加以辩正。赞成或者反对，态度都很明朗，也让他人易于发现我的错误以便得到是正。

《老子本原》出版十几年来，陆续收到许多认识的和不认识的朋友来信，大多给予了肯定和鼓励，也有的朋友提了一些不同的意见或建议。更多的朋友在网上进行评论，或者提出批评。无论哪种情况对我都很有帮助，我都衷心地感激。今当再版，仍祈望朋友们给予指正。

湖南黄瑞云

二〇〇四年五月二十日

附录一

说"静为躁君"

内容提要：老子哲学肯定了宇宙间一切事物都在运动变化之中。其哲学范畴"静"指事物潜移渐进的变化，"躁"指事物剧烈激进的运动，"静"与"躁"是运动的两种形式，与现代概念"静止""运动"有别。"静为躁君"意即潜移渐进的变化，胜过剧烈激进的运动。二十世纪学术界认为"老子否定运动的永恒性，颠倒了'静、动'这一对矛盾的关系，最终陷入形而上学"的批判是错误的。

"静为躁君"是《老子》二十六章提出的一个命题。尽管二十六章论述的具体内容，是说统治者应该守静持重，不要轻举妄动，但综观《老子》全书，"静为躁君"确是老子辩证思想的一个重要方面，是他对事物运动发展变化的重要命题。

《老子》四十五章云："躁胜寒，静胜热。"蒋锡昌《老子校诂》认为应作"静胜躁，寒胜热"。蒋氏提出的佐证是相当有力的。六十一章王弼注云："雄躁动贪欲，雌常以静，故能胜雄也。"七十二章又注云："离其清静，行其躁欲。"并静、躁对言。《淮南子·诠言训》云："后之制先，静之胜躁，数也。"此直引老子之语。"静胜躁"是"静为躁君"更为简捷的表述。

很久以来，人们认为老子所说的"躁"就是"动"。近世学者更把"静为躁君"作为老子对"静、动"这一对矛盾的错误认识，因而加以批判。他们认为，老子对"美丑、善恶、有无、难易、长短、高下、音声、前后、祸福、损益"等矛盾，都认识到矛盾双方可以互相转化，而于静和动的矛盾，却把静绝对化。按照唯物辩证的观点，动是绝对的，永恒的，起决定作用的，是矛盾的主要方面。老子却否认动的永恒性，而以静为主要方面，起决定作用的方面。他把矛盾的主要方面和次要方面弄颠倒了，亦即把事物的性质弄颠倒了。

其实这种看法是出于误解，不符合老子思想实际。

老子没有否定动的永恒性；恰恰相反，正是老子认为宇宙万物无不处于永恒不息的运动变化之中。

老子认为，世界的本原曰"道"。道之为物，"先天地生，寂兮寥兮，独立而不改，周行而不殆，可以为天下母"（二十五章）。"天地万物生于有，有生于无。"（四十章）他把这一过程，又用数字表述为"道生一，一生二，二生三，三生万物"（四十二章）。老子所谓的"无"不等于没有，"一"也不是二的一半。老子认为道无形无象，故称之曰"无"。道是宇宙的始基，故又用始基之数"一"作为代称。一分为二，阴与阳也，阴阳交合运化而生第三者，如此衍化而生天地万物。老子已明确地认识到，天地也和其他万物一样是"生"出来的。老子又多次谈到"反"和"复"。"反者道之动"（四十章），反是道的运动规律。"夫物芸芸，各复归其根。"（十六章）天地万物，最终都必然回复到它的本根。按照老子的公式，天地万物都是从"无"到"有"，"有"又复归于"无"。老子显然是从人和其他生物无数次生成死灭的现象中，得出这一普遍规律。老子已认识到天地万物无一例外都有其产生、发展、灭亡的过程，认识到凡是产生的一切都必然灭亡的真理。这不能不说是非常卓越的思想。如上所述，老子认为天地万物无一例外都是从"无"到"有"，"有"又复归于"无"，宇宙自然永远处于这种运动变化之中，人们怎么可能判定老子否定动的永恒性呢！

有的学者又说，老子的宇宙观是从无到有，有又复归于无，因而属于循环论，最终陷入了形而上学。这同样是一种误解。老子所谓的从无到有，有又复归于无，是一个过程的概括，并非这一过程结束，事物就到此终结。"天下万物生于有，有生于无。""夫物芸芸，各复归其根。""万物"也者，无数之称；"芸芸"也者，众多之谓。老子说的是所有的事物，无数次的过程。"道冲，而用之或不盈。"（四章）或，常也。道是虚的，而其功用永远没有穷尽。"玄牝之门，是谓天地根。绵绵若存，用之不勤。"（六章）勤，尽也。说的是同样的意思，道是天地万物的本根，它无形无象地存在，其功用永远没有穷尽。也就是说，道生万物，万物复归于无，无再生有，有又反于无，这种过程"周行而不殆"，无穷无尽，是永恒不息地进行着的。这无穷的过程，又被老子简捷地概括为"有无相生"（二章）。老子的哲理甚为抽象、深奥，他所谓的"有无相生"，是大至宇宙之宏，小至万物之微，无所不容，无所不包。宇宙也是生的，而且必然死去，一个宇宙死去了，另一个宇宙又从而新生。至于芸芸万物，更莫不如此。此中揭示的真理，实极为卓越，怎么可能给他扣上一顶循环论的荆冠呢！

既然老子认识到宇宙万物都处于永恒不息的运动变化之中，并不否认动的永恒性，那么应该怎样来解释"静为躁君"或者说"静胜躁"呢？

这需要研究一下老子对运动方式的认识，即所谓"弱者道之用"（四十章）。

老子认识到"反者道之动"：从纵的方面说，即天地万物都是"有无相生"，从横的方面说，即矛盾对立的双方，有可能相互转化。这是老子辩证思想的精华。但老子的辩证法有一个脆弱的思想基础，即他不是引导矛盾向有利的方向转化，而是力图泯灭矛盾的存在，特别不希望发生强烈的变化，因此他提出"弱者道之用"。比方，《老子》在第二章中说："天下皆知美之为美，斯恶已，皆知善之为善，斯不善已。故有无相生，难易相成，长短相形，高下相倾，音声相和，前后相随。"他知道天下皆知美之为美，一定是有了丑；皆知善之为善，一定是有了恶。美丑善恶都是相对存在的。这一认识非常精辟，然而老子追求的是泯灭这种矛盾的对立。后面他提出一连串矛盾对立的事物，而他要说明的道理是出人意外的。他认为一切对立的事物，有此必系有彼，有彼必系有此，彼此互相对立，不断连锁发展，如此矛盾丛生，是非蜂起，世界乃不得安宁。所以他紧接着就说："是以圣人处无为之事，行不言之教。"根据老子的逻辑，"为"之"言"

之,就会有矛盾,有是非;既"无为",也"不言",就没有矛盾,没有是非。关于祸福倚伏,其实也是如此。孤立地看"祸兮福之所倚,福兮祸之所伏",简直光芒四射,精妙之极,然而他是在"其政闷闷,其民淳淳;其政察察,其民缺缺"(五十八章)这样的论题基础之上提出来的。"闷闷"即无为之政,结果是"其民淳淳","察察"是有为之政,结果是"其民缺缺",矛盾丛生,是非迭起。统治者努力为政,多所作为,看起来是福,实际上里面包藏祸心。"祸福"二句,其实重在"福兮祸之所伏",目的还是要人们闷闷无为,以免引出矛盾,惹起麻烦。老子没有勇气面对矛盾,因此极力回避。"弱者道之用",正是这种思想的体现。老子认为,大自然的运动变化是以"弱"的方式进行的:"道常无为而无不为"(三十七章),无为,亦即通过"弱"的方式,因顺自然,达到无不为的目的。统治者应该效法"道",也应通过"弱"的方式,达到至治的目的,即所谓"上德无为而无不为"(三十八章)。

"静为躁君"或者"静胜躁",就是"弱者道之用"的体现。"弱"与"静"是紧密相联的,"静"是"弱"的表现。"柔弱"可以"胜刚强","无为"乃能"无不为",都是以"弱"与"静"的方式达到目的的。

学者们之所以认为老子在静和动的矛盾问题上,否定动的永恒性,而把静看作起决定作用的方面,他们的错误在于把老子的范畴和现代的概念等同起来。老子的范畴有他独特的内涵。如"无"不是"不存在",它是存在的,只是无法感知。"柔弱"不是不强大,没有力量,它是强大的,而且具有巨大的力量。"静"和"躁"这对矛盾,尤为独特:"静"不是不动,而"躁"并不等于动。在老子的用语中,"动"和"躁"是两个不同的概念。老子说"反者道之动",不说"反者道之躁"。老子说"静为躁君",不说"静为动君",他说"静胜躁",不说"静胜动"。因此,需要认真分析"动"和"静、躁"三者的含义和它们之间的关系。

《汉书·艺文志》著录《鬻子》二十二篇,传为楚之先祖鬻熊所作,当然是不真实的,但《鬻子》肯定属于道家。《鬻子》原书失传,只有《列子》中残存三个片段。鹖子的话对我们理解老子的"静"会有所帮助。《列子·天瑞篇》引鹖熊曰:"运动无已,天地密移,畴觉之哉?故物损于彼者盈于此,成于此者亏于彼,损盈成亏,随世随死,往来相接,间不可省,畴觉之哉?"(畴,谁。世,生也。)这段话妙不可言。它具有相当清醒的唯物的宇宙观,而且闪耀着辩证的光辉。它不仅生动地解释了"有无相生"的含义,而且无意中摸着了物质不灭的真理。老子的"静"正是宇宙运动的"密移",事物变化的"间不可省",可见"静"是一种潜移默化的不易感知的运动变化,而不是现代人们所误解的静止不动。如果说上述解释是根据鹖子推论得来不足为据的话,我们仍可以向老子本人请教。老子举了一个饶有趣味的例子,叫作"牝常以静胜牡"(六十一章)。动物交配,雄性总是"躁"不可待,雌性则处"静"以迎。雄性往往先行败阵,雌性都能持久取胜。"牝常以静胜牡",是"静胜躁"这个抽象命题的生动例证。我们由此可以得出结论:在老子的概念中,"静"和"躁"是两种运动变化的形式,**"静"是潜移渐进的变化,"躁"是剧烈激进的运动。**"动"包括"静、躁"两种形式。老子所谓"静为躁君"或"静胜躁",**意即潜移渐进的变化胜过剧烈激进的运动。**故"清静为天下正",换言之,即躁进不可为天下正。

"静胜躁"与"柔弱胜刚强"是完全一致的。对于后者,鹖子也有一个很好的解释。《列子·黄帝篇》引粥子(即鹖子)曰:"欲刚,必以柔守之;欲强,必以弱保之。积于柔必刚,积于弱必强。观其所积,以知祸福之分。强胜不若己,至于胜己者刚,柔胜出于己者,其力不可量。"(后一"刚"字,高诱注:"必有折也。"犹言硬碰硬。《淮南子·原道篇》作"而同",相当意。)这里的关键在于"积",通过积的过程,使强弱双方发生变化。老子说:"孰能浊以静之而徐清?孰能安以动之而徐生?"(十五章)话虽用提问的语气,意思其实是肯定的。这里关键的是"徐",意即慢慢地变化,"浊"的可以慢慢地清,"安"的可以慢慢地生。所谓"积",所谓"徐",与"静"是紧密相应的,说的都是潜移渐进的变化。

"反者道之动,弱者道之用",表述了老子对事物运动变化的整个认识。他认为,"反"是道的运动规律,它以"弱"的方式发挥作用。老子并没有把和动相对的静绝对化,更没有否定动的永恒性。恰好相反,他认定纵向的"有无相生",横向的矛盾转化,是必然的,它以一种"弱"的方式,亦即"静"的方式、潜移渐进的方式永恒不息地进行着。

老子的辩证法即"反者道之动,弱者道之用"的缺陷在于,他强调"静"的即潜移渐进的形式,而否定剧烈激进的即"躁"的运动形式。

老子认为宇宙自然的变化是"静"的,潜移渐进的,并主张社会变化也应该如此。"天下之至柔,驰骋天下之至坚。无有入无间,吾是以知无为之有益。不言之教,无为之益,天下希及之。"(四十三章)前二句说的是"道"亦即宇宙自然的规律,最柔弱的道,可以"驰骋"最坚强的天地万物。中二句说的是,道通过"无为"亦即"静"的变化发挥作用。后二句说明为政也应"不言、无为"。四十三章的逻辑推理与二章完全相同,即把他从宇宙自然的认识中得到的普遍规律,用之于社会政治。由于老子害怕矛盾,回避矛盾,力图泯灭矛盾,所以他尊崇"静"的运动方式,而否定"躁"的运动方式。而客观规律是,任何事物,潜移渐进的变化,发展到一定程度,必然转化成剧烈激进的变化,社会的发展变化尤其是如此。而这一点,老子缺乏认识,或者说不愿意认识。

附记:

拙著《老子本原》辩正了前人注释中不少误解。但我的理解也未必为学者通人所认可,其中对"静为躁君"的解释,反对的意见更多。为此我写了《说"静为躁君"》一文特别说明。完稿以后,我在华中师范大学任教时的学生高斐来看我,告诉我他在一家道家学术刊物社工作,这篇短论在那里发表合适。我当然高兴,来不及誊正就把文稿交给了他。两个月以后我收到那家刊物十几元稿费。我从不计较稿酬,我们的稿酬本来就是象征性的。但仅仅十几元,估计文章被删节了。几天之后,刊物寄来了,果如所料,文章差不多删掉了一半。我非常生

附录一

气,当即给高斐去信,告知我没留底稿,请他将原稿退还给我。"即使弄脏了,揉皱了,撕破了都没关系,我可以重新抄出。"高斐很快将原稿寄来了。他解释说:"很对不起,文章不是我删的。我回来后交给总编,又出差去了。回来文章已经发表。现将原稿寄来。请您原谅。"高斐诚实可靠,他说的是真话。该刊编辑先生也很负责,他把文章寄到了某大学哲学系,请一位知名的哲学教授审核。我的原稿上面有那位教授先生批的两句话:"所论不敢苟同,但确有新见,可以刊用。"我对这位教授先生也很感激,一篇他并不"苟同"的文章仍主张刊用,这种风格令人敬佩。我将文章重新誊正,投寄《文史哲》,后刊登在《文史哲》一九九二年第六期。事情过去了将近三十年,此刻我回顾本文发表的过程,仍对高斐和那位审稿的教授先生表示衷心的感激。

二〇一九年十月三十日,瑞云记

附录二

天地万物生于有，有生于无
——黄瑞云《老子本原》述评

石云

提要：本文从下列六个方面对《老子本原》一书进行评述：一、辨正关于老子其人与《老子》其书的各种异说。二、系统地分析老子哲学。三、对"静为躁君"作新的解释。四、对《老子》书中若干词语提出新的训诂。五、划分老子哲学与庄子哲学的异同。六、将老子之道与希格斯粒子联系起来。职此六个方面，可知《老子本原》是当代研究老子的重大成果。

关键词：老子之道　静　训诂　希格斯粒子

黄瑞云先生研究《老子》《庄子》，从他课堂讲授开始，到而今持续了半个世纪。他学涉多方，工作负担也很重，几十年间，并非专致力于此，而是从未中断，始终在持续进行。1995年在人民文学出版社出版了《老子本原》，1998年重印。退休以后的十几年间，他修订了《老子本原》，完成了《庄子本原》，经过许多周折，两书终于在2013年8月问世，由湖北人民出版社出版。

近百年来，研究《老》《庄》的著作相当多。黄先生两部《本原》的问世，对《老》《庄》的研究有重大突破，许多方面发前人之所未发。本人学殖肤浅，要评论这两部大著相当困难。我想采取摸着石头过河的办法，直接发掘两书中大不同于前人的见解和结论。现在就让我下"河"去摸那些"石头"，先从《老子本原》(后文简称《本原》)这条"河"开始。

— 附录二 —

（一）

关于老子的生平，《本原》分析了《史记》中那篇扑朔迷离的老子传，征引了先秦史籍中有关的资料，说明"老子就是老子，亦即老聃，老子和孔子同时而略长。《老子》书是老子所作，但经过了一个口耳相传的过程，其成书已到了战国时代，因而掺入了一些战国时代的词汇甚至段落"。作者说他的"结论本是古已有之，并非新创"，他对老子生平的论述着力之处在于对老子其人与《老子》其书的许多异说，进行了辩正。——在两部"本原"中大量使用的"辩正"一词，实际是反驳、修正之意，黄有意使用一个相对委婉的词。——诸如老子就是老莱子，老子就是老彭，老子就是太史儋，老子其人根本不存在；老子书的著者是李耳，是詹何，是太史儋，是环渊，是庄周之徒所伪托；说老子之前没有私人著述，说《老子》成书于《吕氏春秋》之后，如此等等，一一辩正，对一百多年各种捕风捉影牵强附会之说，作了一次全面的扫荡。他的辩正坚实严谨，清楚明白，这里只举一例。

郭沫若在《老聃·关尹·环渊》一文中，根据《史记·老子传》谓老子"乃著上下篇"，《孟荀列传》又称"环渊学黄老道德之术，因发明序其旨意"，"著上下篇"，郭氏把两个"上下篇"等同起来，因谓《老子》为环渊所著。又谓环渊与关尹"一声之转"，故环渊就是关尹。黄辩正说：（一）"上下篇"者，上篇与下篇也，并非确切书名。（二）明说"发明序其旨意"，不能改易成为著作。（三）《汉书·艺文志》明著《老子》经传、经说三种，《蜎子》十三篇（原注："名渊，楚人，老子弟子"，无疑即是环渊），《关尹子》九篇。可知刘向、刘歆、班固所见，《老子》《蜎子》《关尹子》三者，主名清楚，书名确凿，各是各的著作，不能混为一谈。（四）两个姓名"一声之转"不必就是一人。四川有个秀才叫高敏乐，同郭沫若也是"一声之转"，不能说高敏乐就是郭沫若。（五）郭氏本人并不否认老子和孔子同时，生于春秋末季，而环渊是田齐宣王的人，两者相距约一百八十年，怎么可能"叠合"为一个人呢？如此坚实的辩正，即使郭沫若复生也可能没有话说。

黄辩正的各种谬误之说，有的早已无人认可。之所以仍需辩正，是因为这些异说的发明者都是权威人氏，他们的著作仍在流传，影响依然存在，此其一。其二，有些异说虽早被否定，但过些时候又可能复生。如清乾隆时人汪中谓老子就是太史儋，其说早已无人认可，差不多两百年之后罗根泽氏又大倡其说，在罗氏所著《诸子考索》一书中，考证老子就是太史儋是最着力的一篇；因之仍有辩正的必要，黄氏正作了有力的辩正，断定老子不是太史儋。

（二）

老子的哲学极为深邃。前此大半个世纪，对老子的研究，要么简单化，如二十世纪五十年代末开展的大讨论，纠缠于老子哲学是唯心主义还是唯物主义；要么复杂化，把老子哲学说得玄之又玄，幽深莫测。《本原》用简明扼要的语言，对深邃的老子哲学，进行条分缕析深入浅出的疏理。对老子既给予了很高的评价，也进行了有分析的批判。

《本原》将老子的三个命题排成一个系列，认为这是把握老子哲学最为便捷的方式。三个命题，一曰"天地万物生于有，有生于无"，二曰"柔弱胜刚强"，三曰"道常无为而无不为"。

古代的哲人观察整个大自然，发现各种事物都是变化着的，草木春长秋凋，人和动物生而又死，没有例外，因此推想天地星辰，也可能不是一成不变的。哲人们如此提出了一个问题，宇宙的本体是什么？老子就是这类哲人的代表。老子设想，宇宙间有一种客观存在，他给了它一个名称，叫作"道"。辉耀千秋的道家即由此而来。老子认为，道，视之不见，听之不闻，搏之不得，是无法感知的。道不由任何东西产生，是本然的存在，也永不消灭。由于道无法感知,因此老子又称之为"无","无"最初的生成物,老子称之为"有"。由"有"生成天地万物,故老子归纳为"天地万物生于有,有生于无",顺而言之,即无生有,有生天地万物。再加简化,便是道生万物。天地万物最终又回归于无,老子谓之"复归于无物"。有无相生,如此形成这个万类纷繁无比丰富的世界。

黄氏《本原》将老子之"道"的本质及其价值作了如下的归纳。第一,尽管老子把道说得惟恍惟惚,但他毕竟越过感官所及的范围,认为有一种永恒的客观存在。并认为老子以"道"作为宇宙的本原,比古代希腊的哲人以某一种可以感知的具体的物质,如水,如火等等作为宇宙的本原更为卓越。第二,中国古代没有明显的创世说,但冥冥中那个至高无上的"天"是存在的,"天"的旨意左右着人间世见于多种典籍。老子宣布"先天地生"的是"道",无疑就取消了那个有意志的"天"的存在。第三,老子多次阐明,道"先天地生","为天下母",说明天地和万物都是"生"出来的。老子又多次谈到,"反者道之动",即"反"是"道"的运动规律,并说"夫物芸芸,各复归其根","复归于无物"。是老子已认识到天地万物无一例外都有其发生、发展、灭亡的过程,认识到凡是产生的一切都必然灭亡这一真理。第四,老子多次说到"道冲,而用之或不盈",道"绵绵若存,用之不勤",即道是永恒的,其功用永远没有穷尽。这是老子的认识中,已有"无限"的概念。认识到宇宙的无限性,是人类认识的一大进步。

整个老子哲学是围绕"道"这一基本范畴来探索宇宙人生一切事物的普遍规律。老子认为,道无形无象,极其柔顺却能发挥极大的作用,具有无穷的力量,可以为天地之母,万物之宗。老子肯定从现实生活中看到一切生命都由弱小发展到壮大,因此认定弱一定胜强,柔一定胜刚。因而得到一条事物发展的普遍规律,"柔弱胜刚强"。老子把这一规律用之于人生社会修身处世的各个方面。主张要像水那样处于卑下,要像婴儿那样柔弱天真;要知雄守雌,知白守辱。黄认为老子"柔弱胜刚强"的命题有其片面的真理性。老子认识到所有强大的事物都由弱小发展而来,而强大的事物总会为始而弱小的事物所取代。因此他告诫人们要俭约谦下，知足知止，"去甚，去奢，去泰"，不要骄矜，不要逞强，"物壮则老"，"骄兵必败"，"强梁者不得其死"，这些教训，都具有警世规俗的意义。黄同时指出，"柔弱胜刚强"的命题，片面性的缺陷也是明显的。弱小不会无条件地变得强大，更不是任何"柔弱"都必胜"刚强"。因此这一命题，固也闪烁着辩证法的光焰；但把它绝对化则陷入了形而上学。

　　道无形无象，不见其所为，却能生成天地万物，故老子得出道生万物的方式是"无为而无不为"。"无为而无不为"乃成为老子哲学中最重要的命题。不少的学者大概觉得"无为而无不为"不可理解，就按他们的想法加以解释。在"无为"中加一个字，或者叫"不妄为"，或者叫"无强为"。黄辩正说，老子反对妄为，反对强为，都是肯定的。但在"无为而无不为"这个命题中，"无为"就是"无为"，加任何一个字都违背老子的旨意。因为妄的不为，那么不妄的就可以为之；强的不为，那么不强的就可能为之，如此"无为"就转换成了"有为"，与老子的旨意完全相反。黄认为，什么叫"无为"，要听取老子自己的解释。老子说，"道之尊，德之贵，夫莫之命而常自然"。又说，"辅万物之自然而不敢为"，这是对"无为"最好的解答。因此所谓"无为"，它的真谛就是因顺自然。

　　老子把他认识的自然法则，引入社会政治，认为统治者为政，应取法自然，无为而无不为。"天地相合以降甘露，民莫之令而自均"，上天普降雨露，没有谁有意为之，而自然均匀，使无数的生命得到生长。道生万物，并非有意为之，也不占有，不居功。"圣人之治"也应如此，"处无为之事，行不言之教；万物作焉而不辞，生而不有，为而不恃，功成而弗居"。老子的无为政治的真谛，是要统治者不要扰民，"无狎其所居，无厌其所生"，让老百姓自由自在地生活。他设想古代有一个自然淳朴的社会，而且主张回归到那样的社会，因而设计了一个"小国寡民"的社会蓝图。

　　对于老子"无为"政治的理想，《本原》认为应该一分为二来对待。由于老子生当春秋末季，战乱频仍，社会发生极大的动荡，天下诸侯互相攻伐，使天下人不得安生。因此老子的主张反映了老百姓渴望和平安定生活的愿望。表面看来，老子仿佛心如止水，"天地不仁，以圣人为刍狗；圣人不仁，以百姓为刍狗"，说"圣人"对待百姓，就像天地对待万物一样，无所谓爱，也无所谓恶。然而老子书中，一涉及社会政治，涉及当时的现实，老子的思想感情便一变而非常激烈。他对当时的统治者贪婪暴虐、奢侈无度，进行了尖锐的揭露，并警告统治者，"民不畏威，则大威至"。因之老子一书对他所处的时代实有深刻的批判意义。

但老子似乎只看到社会黑暗残酷的一面，看不到前进发展的一面；他不是向前看，而是向后看，主张回到荒蛮的古代去，对不断发展的人类文明采取否定的态度，甚至主张采用愚民政策。这种主张自然很不现实，甚至非常荒谬。当然，对待古代任何圣贤的学说，应该取精用华，对老子也是如此。老子主张统治者不要高踞于人民群众之上，不要奢侈无度，贪婪暴虐，特别是不要扰乱百姓，让他们能够安宁自在地生活；"万物作焉而不辞，生而不有，为而不恃，功成而弗居"，这是老子"无为"政治合理的内核，永远具有借鉴的价值。《本原》指出，汉初统一天下之后，遵奉黄老之术，执行与民休息的政策，出现了历史上少有的文景之治，在一定程度上是老子之道的体现。

（三）

《老子》第二十六章："静为躁君。"这是老子论及事物运动变化的重要命题。在第四十五章又称之为"静胜躁"。《本原》对这一命题有独到的理解，值得单独提出来加以评述。

近代学者把老子所说的"躁"，与"动"等同，认为老子对"静、动"这一对矛盾认识错误，因而加以批判。任继愈先生在《老子新译·绪论》中的批判可以作为代表。任先生说："老子从美丑、善恶、有无、难易、长短、高下、音声、前后、祸福、损益等矛盾中，都认识到矛盾双方可以互相转化,而在'静'和'动'的矛盾中,却把'静'绝对化,可见老子的辩证法不彻底。按照唯物辩证的观点,'动'是绝对的,起决定作用的,是矛盾的主要方面。老子以'静'为矛盾的主要方面,起决定作用的方面,他把事物的性质弄颠倒了。"

《本原》认为,这是一种误解。老子有些用语有他独特的内涵,不能用现代的常义去理解。如"无"不是"不存在",它是"道"的同义语,是存在的,只是无法感知。如"无为"不是"不起作用",它是起作用的,它以因顺自然的方式起作用。同样,"静"不是不动,它以柔弱的方式潜移渐进地运动。《鹖子》所谓"运动无已,天地密移",可以用来作为对老子的"静"最好的诠释。黄认为,老子的原意,"静"不是不动,"躁"不等于动;"静、躁"是动的两种形态。"静"是潜移渐进的变化,"躁"是剧烈激进的运动。老子说"静为躁君",不说"静为动君";说"静胜躁",不说"静胜动"。所谓"静为躁君"或"静胜躁",意即潜移渐进的变化,胜过剧烈激进的运动,与"柔弱胜刚强"的逻辑形式相同,实质也一样。在老子哲学中,丝毫没有把静绝对化,恰好相反,他认为动是绝对的,永恒的;纵向的"有无相生",横向的矛盾转化,是必然的,它以一种"弱"的方式亦即"静"的方式、潜移渐进的方式永恒不息地进行着。

"天地万物生于有,有生于无",生,就必然动,而且是生生不息地动,永无终止地动;不动怎么可能生天地万物?"无为而无不为",无为,实际是动的,只是"视之不见,听之不闻",无形无象,以静的方式在动;如果不动怎么可能"无不为"?足证在老子哲学中,动是绝对的,永不止息的。只是以潜移渐进地进行,而不是剧烈激进地进行。

(四)

句读无误,训诂准确,是读懂古书的基础。《老子》区区五千言,注家数以百计,照说不会再有问题,而在黄氏《本原》中仍多有发明,且很有

— 附录二 —

价值。这里聊举数例以窥豹一斑。

《老子》第一章三、四两句"无名天地之始，有名万物之母"，古代注家大多断作"无名，无地之始；有名，万物之母"。《本原》采取宋王安石句读，断作"无，名天地之始；有，名万物之母"。注中引第四十章"天地万物生于有，有生于无"，作为对王氏句读的支持最为坚实有力。在老子哲学中"无"和"有"是两个名词，两个最重要的哲学概念；而"无名、有名"是两个动宾词组，不是哲学概念。通过语法分析来支持王氏句读也很有力。两句的原意是，用"无"来名天地之始，用"有"来名万物之母；不能说"无名"是天地之始，"有名"是万物之始。如此解释，句意就清楚了。

第十一章，注家大多如下句读："三十辐共一毂，当其无，有车之用。埏埴以为器，当其无，有器之用。凿户牖以为室，当其无，有室之用。故有之以为利，无之以为用。"文中"无"和"有"是两个哲学名词，如上断句，"无"是哲学名词，"有"却成了表存在的动词，使"有、无"两个词不同词性，这是明显的错误。而对内容的理解错误尤为严重。好像老子只看到"无"而看不到"有"。有的学者还因此对老子进行严厉的批判。又是任继愈先生《老子新译》中的批判最有代表性。任先生说：老子"认为对一切事物起决定作用的是'无'而不是'有'。老子忘记了，如果没有车子的辐和毂，没有陶土，没有砖瓦墙壁这些具体的'有'，那些空虚的部分又从哪里来？又怎能有车、器、房子的用处？"任氏说："老子把有和无的关系完全弄颠倒了。"黄认为这种批判最没有道理，老子明明说"三十辐共一毂"，"埏埴以为器"，"凿户牖以为室"，他怎么没有看到"有"呢！黄氏《本原》如下断句："三十辐共一毂，当其无有，车之用。埏埴以为器，当其无有，器之用。凿户牖以为室，当其无有，室之用。故有之以为利，无之以为用。"训"当，应也，合也"。"之，乃也"，"无"与"有"，即空与实。"当其无有，"犹言空与实相对应，两者配合。"车之用"、"器之用"、"室之用"，即车乃得用，器乃得用，室乃得用。前用三个"当其无有"的事例，后用"有之以为利、无之以为用"加以总结，结构严谨；老子何尝把"有"

和"无"的关系弄颠倒呢!

第十三章:"宠辱若惊,贵大患若身。何谓宠辱若惊?宠为上,辱为下。得之若惊,失之若惊,是谓宠辱若惊。何谓贵大患若身?吾所以有大患者,为吾有身;及吾无身,吾有何患!故贵以身为天下,若可寄天下;爱以身为天下,若可托天下。"王弼注:"宠必有辱,荣必有患,宠辱等,荣患同也。""大患,荣辱之属也。生之厚必入于死地,故谓之大患也。"王弼注是基本正确的。他把开头两句连在一起理解。把宠辱何以皆惊,解释得非常清楚,因为"宠必有辱,荣必有患",故宠辱等同。后来许多注家,特别是现代的注家,忽视王弼的解释,把这章书解释为老子的"贵身思想"。任继愈先生把本章后四句翻译为"只有把天下看轻,把自己看重的人,才可以把天下的重任担当起来。只有把天下看轻,爱自己胜过爱天下的人,才可以把天下的重任交付给他"。陈鼓应先生把这四句翻译为"以贵身的态度去为天下,才可以把天下寄托给他;以爱身的态度去为天下,才可以把天下委托给他"。他们竟然说老子主张看重自己胜过看重天下,爱自己胜过爱天下之人,似乎老子自私得无以复加,他们把老子看成了什么人!黄的解释完全不同。他说此章等齐宠辱,把二者都看成大患。认为世人之所以重视宠辱,就在于"有身"。"及吾无身,吾有何患?"所谓"无身",不是不要身,而是不要过分重视,不要如五十章所云"生生之厚"以走向"死之徒"。黄注释中特别突出"若"的训诂。注家大多训"若"为"如"或者"好像"。黄训"若,乃也",并谓全章"若"皆训"乃"。注前四句云:"贵,极其重视。大患,即指宠与辱,二者皆大患。世人得宠得辱都为之惊骇。之所以如此看重宠辱,乃在于有身。前一句描绘现象,后一句说明原因。"所谓"贵以身为天下",意即不以身为自己。故后两句的意思是:贵以身为天下而非为自己者乃可以寄天下,爱以其身为天下而非为自己者可以讬天下。"贵以身为天下"的老子才是老子,"把天下看轻,把自己看重","爱自己胜过爱天下"的只能是伪《列子·杨朱篇》中的杨朱而决不是老子。

第四十一章:"大方无隅,大器晚成,大音希声,大象无形。"其中"大器晚成"后世用作成语，注家因此多训"晚"为迟晚之意。这句话任继愈先生译作"贵重的器物总是最后完成"，张松如先生译为"最大的器皿最后完成"，陈鼓应先生译成"贵重的器物总是最后完成"。黄瑞云和上述理解都不一样，训"晚"为"无"，训"成"为"成型"，并说明了理由：其一，《说文》"晚，莫（暮）也"，段玉裁注谓"莫"字"引申为有无之无"，则"晚"亦可引申为有无的"无"。又，"晚，从日免声"，"免"实亦表意，《玉篇·儿部》"免，去也"，去则无矣；由此亦可得"晚"有"无"义。其二，释"大器晚成"无具体形体，与"大方无隅""大音希声""大象无形"含义相类，若解为"后成"则与"无隅、无声、无象"内涵迥异。其三，《长沙马王堆汉墓帛书老子》甲、乙本此句并作"大器免成"，可知原文决非大器最后完成之意。

　　《本原》认为训解词义必须紧扣全章前后的内容。有些看似平常的词语，注家往往忽视，在特定的章句中按常义去理解就会造成错误。前文所述第十一章中"之"字，第十三章中"若"字情况就是如此。对此类看似平常的词必须结合全文认识其特定的词义，才能得到正确的解释。如第六十三章"大小多少。图难于其易，为大于其细"，文中"大小多少"四字使不少注家无从措手。姚鼐《老子章义》谓"大小多少，下有脱字，不可强解"，陈鼓应先生也认为"四字意义欠明"。黄联系前后文意，理解"大、多"二字为动词，问题即迎刃而解。"大小多少"，即大其小，多其少；亦即对小者少者要作大者多者对待。下文"图难于其易，为大于其细"即"大小多少"之意。似乎远在天边，原来近在眼前。《老子》全书有二十四个"名"字，固然也有注家对其中个别"名"字不按常义"名叫、名称"讲，但多数还是用常义作解。在黄氏《本原》中对所有不应按常义训解的"名"字都一一提出另加训诂。如第二十一章"自古及今，其名不去"，训"名，功也"。引《国语·周语》"勤百姓以为己名"韦昭注为证。第二十五章"强名之曰大"，曰此"名"字为名状之意，犹言形容，描述。第三十二章"道常无名朴"，注："名，名状也。无名朴，犹言无法形容之宝，极言道之至高无上。"第四十一章"道隐无名"注:"名,明也。无名,即不炫耀显扬。"并特别说明:道幽隐而不外炫,正是建言十二个命题的总括。若解作道无名称,则文意不连贯。既已有"道"之名,又说没有名,则自相矛盾。《史记》老子传谓老子"其学以自隐无名为务","无名"亦不炫耀显扬之意。第四十七章"圣人不行而知,不见而名,不为而成"注:"名,明也。谓圣人不用实践而自然知道,不需看到而自然明白,无为而无不为,任其自然功成。"对这些"名"的不同训诂,都是由所在章次的内容决定的。

《本原》认为,诠释章句必须紧扣全书整体的思想。如《老子》第五十二章"见小曰明,守柔曰强",注:"小,少也。柔,弱也。见少则曰明,守弱则曰强;是见之愈少则愈明,守之愈弱则愈强。"四十七章"不出户,知天下;不窥牖,见天道",是"见小曰明"之义;三十六章"柔弱胜刚强"是"守柔曰强"之意。有些注家解"见小曰明"为"能察见细微叫做明",这是法家思想,与老子思想正相反。同是五十二章"用其光,复其明"注:用,《说文》"庸,用也",则用亦庸也。《尚书·皋陶谟》"五刑五用",《后汉书·梁统传》引作"五刑五庸"。《尚书大传》"墙谓之庸",墙为壅蔽之物,故有壅蔽之义。"用其光"与五十六章"和其光"意同。二句皆谓壅蔽其光明之意。有些注家解"用其光"为"运用智慧之光"。这是佛家观念,与老子思想亦正相反。十八章云:"智慧出,有大伪。"十九章云:"绝圣弃智,民利百倍。"六十五章云:"民之难治,以其智多。"老子如此否定智慧,自然就不会主张"运用智慧之光"。又如,《老子》第六十七章:"我有三宝:一曰慈,二曰俭,三曰不敢为天下先。"黄注:老子所谓"慈",为慈柔之意,非慈爱之义。老子所谓"俭",为检束卑谦之意,非节俭费用之义。注家或解"慈"为慈爱,为"爱心加上同情感",并说"老子身处战乱,目击暴力的残酷面,深深地感到人与人之间慈心的缺乏,因而极力加以阐扬"。黄认为这是误解。老子认为天地圣人,任物自然,并无情爱。老子固然反对战争,反对压迫,但并不宣扬仁慈。至于对"俭"的误解从来久矣。《韩非子·解老》说"智士俭用其财则家富",王弼注"节俭爱费，天下不匮"。老子反对奢侈，主张节俭，是确实的，但不体现在"三宝"的"俭"上。《说文》："俭，约也。"段玉裁注："约者，缠束之也，不敢放侈之意。"《荀子·非十二子》"俭然恀然"，杨倞注："俭然，自卑谦之貌。"老子"三宝"中之"俭"正缠束卑谦之貌。慈，俭，不敢为天下先，三者是一个整体，意思都相近。

笔者认为，黄提出的训解词义必须紧扣全章前后的内容，诠释章句必须紧扣全书整体的思想，不仅纠正了不少前人训解《老子》的错误，甚至可以作为注解古书的原则。

（五）

老子与庄子是道家的两大哲人，并称"老庄"。《本原》用简明的语言表述了老庄的异同。庄子接受了老子"道生万物"亦即"道"为宇宙本原的学说，这是他们基本的"同"。老子把"道无为而无不为"的哲理，引向社会政治，发展为"处无为之事，行不言之教，万物作焉而不辞，生而不有，为而不恃，功成而弗居"的政治学说。庄子却将"道生万物，万物又复归于无"的理论，演绎成为泯灭是非，齐同万物的人生哲学。这是他们最大的"异"。

把老庄的"异"说具体一点，就是：第一，老子并不否定天地万物包括人在内的现实意义，人生毕竟是实在的。庄子则认为既然天地万物都是"道"的体现，因此一切都是虚幻的，所以他一生死，同梦觉，是庄周梦为蝴蝶，还是蝴蝶梦为庄周都分不清楚。第二，老子承认实在的人生，还设计了一个"小国寡民"的社会模式，不管多么落后，总还是让人在那里生存。庄子却追求"无所待而游于无穷"，不愿受任何的约束。第三，尽管老庄对当时的社会都持批判态度，但老子还是不断为"侯王"出谋划策。庄子宁可曳尾泥涂也不和统治者合作。第四，老子主张"甘其食，美其服，安其居，乐其俗"，反对"生生之厚"，叫人不要"自处于死地"。生活要求虽然很低，毕竟还是积极的。庄子则认为人本来无生，变而为生，又变而死，生死如"春夏秋冬四时行也"，因此悦生而恶死可能是一个错误。表面看来庄子非常达观，实际是彻底地悲观的。第五，庄子"以天下为沉浊，不可与庄语"，所以嬉笑怒骂，冷嘲热讽，造作"迷离曼衍之辞"。老子完全不然，他的话虽然深奥，却句句是"庄语"。黄将老庄作了一个形象的比较：老子的"圣人"希望"后其身而身先，外起身而身存；以其无私，故能成其私"。庄子的"圣人"对此不屑一顾；他要"无所待而乘天地之正而御六气之辩"，即无所凭依而磅礴于无垠的世界。老子的思想深入无穷的宇宙，他自身仍在现实的土地上踽踽独行；庄子却灰心绝望地站在虚无缥缈的空中。

（六）

二〇一二年七月，当黄瑞云校完《老》《庄》两部《本原》之后，从网上看到世界上发生的一条重大科技新闻：七月二日位于日内瓦的欧洲核子研究委员会宣布，他们发现了被称为"上帝粒子"的希格斯玻色子（higgsboson）。这一消息震动了世界，也震动了并非物理学者的黄瑞云先生。他立即发函给若干位物理学者，请教有关希格斯粒子的原理。信发出之后，有的没有回音，有的给予几句话的回复，完全不得要领。黄毫不气馁，他尽量从网上搜索材料。但这些材料有的说得很玄，彼此之间又不无矛盾。他仔细比较，反复琢磨，弄懂这个问题的基本意思。之后在《老子》第四十章后面增加了一段星评。

星评简要地叙述了人类自进入文明时代之后对宇宙万物本原的探索过程。通过长期的生产实践和科学研究，逐步认识了自然界的各种物质元素。十九世纪俄国化学家门捷列夫发现了元素周期律，发现元素的性质随着原子序数的变化有规律可循，可知元素之间是有内部联系的。一百多年来，对物质内部结构的研究飞速地发展，由元素分子深入到原子，到原子内部的基本粒子，成就极其辉煌。

二十世纪六十年代，温伯格、萨拉姆等物理学家，基于杨—米尔斯的阿贝尔规范场理论，逐步完成了现代最前沿的粒子理论标准模型。标准模型理论预言了62个基本粒子。经过科学家的长期努力，到一九九五年三月二日，美国费米实验室发现了顶夸克时，标准模型的62个基本粒子中61个已被发现。但最后一个基本粒子即英国物理学家彼得·希格斯预言并以希格斯命名的粒子仍未被证实。

科学家们说，希格斯粒子是物质的质量之源，它和电子、光子、夸克等基本粒子不同，它是个奉献者，是其他粒子静质量的来源。如果没有希格斯粒子，所有的基本粒子都是以光速在运动，没有质量，就难以存在由夸克形成的原子核，就不能形成原子，不能出现物质元素；自然就不会有世间万物，更不会有生命。

希格斯粒子的发现完善了粒子物理的基本模型，使这座粒子理论大厦得以矗立。标准模型的根基是量子场论，量子场论则是量子力学与狭义相对论的结合。在量子场论中，所有的粒子都分布在全空间的场。场的最低能量状态叫"真空态"，随着能量的提高出现场的单粒子态、双粒子态、三粒子态等等。希格斯粒子在大型强子对撞机的撞击下引起电弱相互作用的对称性自发破缺；瞬间的破缺，即将质量赋予其他粒子。——希格斯粒子是如此重要，所以七月二日欧洲核子研究委员会宣布的发现才使世界物理学界如此欢悦。

根据爱因斯坦的相对论，我们生存的宇宙也是有范围的，也就有我们古代神话所说的"开天辟地"的过程。于此出现了宇宙如何产生的理论。其中大爆炸理论最为科学界所看重。说的是一百五十亿年以前或者更早的时候，发生大爆炸，"混沌初开，乾坤始奠"，宇宙由此产生。我们不妨如此设想，正是希格斯粒子在大爆炸中赋予了其他粒子以质量，从而形成宇宙，产生万物。科学家们正是这样认为的，如前所述，希格斯粒子没有质量，却是质量之源。如果没有希格斯粒子就不会有质量，不会有恒星，不会有行星和原子，自然也不会有人类。

希格斯粒子没有质量，却赋予其他粒子以质量，从而产生宇宙万物；这与老子"道生万物"的哲学，在认识宇宙本原的逻辑上如出一辙。《老子》二十五章云："有物混成，先天地生，寂兮寥兮，独立而不改，周行而不殆，可以为天地母。吾不知其名，字之曰道。"老子认为宇宙的本原是一种"惟恍惟惚"的客观存在，他把它名之曰"道"。道，"视之不见"，"听之不闻"，"搏之不得"，是无法感知的，所以老子又把它称之为"无"。由无法感知的"道"产生天地万物，故曰"天地万物生于有，有生于无"。换言之，即"无生有，有生天地万物"，亦即道生天地万物。这与本身没有质量的粒子却赋予其他粒子以质量从而产生宇宙万物，何其相似！

西方世界的学者认为哲学是科学的先导。所谓哲学是科学的先导，并不是说某种哲学理论导致了某一科学的产生，说的是思维逻辑上的相似或一致。西方学者常常将物理原子、分子、基本粒子之类的理论，同希腊哲学联系起来。其实老子以"道"这种抽象的、一般的东西作为宇宙的本源，比希腊哲学中以宇宙的本原是水、是火之类的具体物质更合理，更"科学"。老子"道"的哲学思想与希格斯粒子的科学原理在思维逻辑上的一致最为突出。

将老子之"道"与希格斯粒子理论联系起来论述之后，黄瑞云发表了一段题外的议论，实在发人深思。谨将整段文章抄录如下，作为本文的结束：

> 自十六世纪文艺复兴以后，欧洲资本主义迅猛发展，而其时中华大地仍在封建的迷雾里昏睡，因而无论政治文化思想还是科学技术都远远落后于西方。西方绅士们因此藐视我们，对我们的圣贤也加以否定。黑格尔就很典型。黑格尔的《哲学史讲演录》开篇讲的就是中国哲学，他用那种不屑一顾的态度看待孔子和老子，对孔子尽鄙夷刻薄之能事，说"为了尊重这位哲人，最好的方式就是完全不读他的书"。而对老子更认为不值一谈，说老子的话连意思都是不明确的。偏见比无知离真理更

— 附录二 —

远,即使是黑格尔也不例外。遗憾的是近半个世纪以来,特别是"四人帮"统治时期,我们自己对祖先也是批判之后还是批判,好像除了峻刻的法家以外就都是糟粕了。一个没有圣哲的民族是落后的民族,而无端否定本民族的古代圣哲的行为是极端愚蠢的行为。现在是纠正那种荒谬风气的时候了。随着对宇宙自然客观世界和微观世界愈益深入的认识,老子哲学之深刻就愈亦显示出来;老子确乎是人类历史上伟大的哲学家!

原载《湖北理工学院学报·人文社会科学版》
2014 年第 4 期

★石云(1936—),本名唐开云,湖南武冈人,1958 年毕业于武汉大学历史系。长期从事新闻工作。二十世纪八十年代曾任黄石市人大常委会秘书长。

本帙引用老学书目

《长沙马王堆汉墓帛书老子》

［汉］河上公《老子道德经》

［汉］严遵《老子注》

［魏］王弼《老子道德经注》

旧题南齐顾欢《道德真经注疏》

敦煌古写本《太上玄元道德经残卷》

敦煌唐写本《老子残卷》

唐景龙二年易州龙兴观道德经碑（《景龙碑》）

唐景福二年易州龙兴观道德经碑（《景福碑》）

遂州道德经碑（《遂州碑》）

［唐］傅奕《道德经古本篇》

［唐］李约《老子道德真经新注》

［唐］玄宗《御注道德真经》

［宋］王安石《老子注》(容庚辑本)

［宋］苏辙《老子解》

［宋］董思靖《道德真经集解》

［宋］李嘉谋《道德真经义解》

［宋］林希逸《老子口义》

［宋］范应元《老子道德经古本集注》

［宋］李道纯《道德会元》

［金］寇才质《道德真经四子古道集注》

［元］吴澄《道德真经注》

［明］薛蕙《老子集解》

［明］释德清《老子道德经解》

［明］王道《老子亿》

［明］李贽《老子解》

［明］焦竑《老子翼》

［明］陈懿典《老子道德经精解》

［清］傅山《老子解》

［清］毕沅《老子道德经考异》

［清］姚鼐《老子章义》

［清］汪中《老子考异》

［清］王念孙《读书杂志》

［清］王引之《经传释词》

［清］魏源《老子本义》

［清］俞樾《老子平议》

［清］高延第《老子证义》

［清］李慈铭《订老子》

［清］易顺鼎《读老札记》

［清］孙诒让《札迻》

［清］严复《老子道德经评点》

刘师培《老子斠补》

马其昶《老子故》

杨树达《老子古义》

马叙伦《老子覈诂》

奚侗《老子集解》

罗运贤《老子馀义》
陈柱《老学八篇》
江瑔《读老子卮言》
王力《老子研究》
高亨《老子正诂》
蒋锡昌《老子校诂》
劳健《老子古本考》
罗根泽《诸子考索》
严灵峰《老子达解》
朱谦之《老子校释》
任继愈《老子新译》
张松如《老子校读》
陈鼓应《老子注译及评介》